說史

GEOGRAPHICAL WONDERS OF THE WORLD

世界奇觀
是這樣煉成的！

沈昭伶——編著

好讀出版

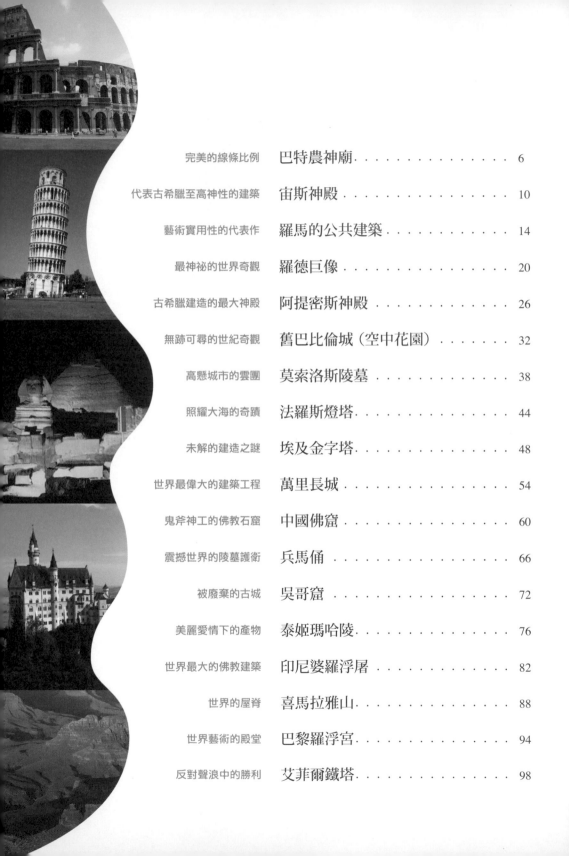

目　　錄

巴特農神廟是為了供奉雅典娜而建立

完美的線條比例

巴特農神廟

豎琴般的石柱

　　在2500年以前，古希臘文明以宗教為重心，所以當時最重要的建築就是廟宇，然而希臘人在進行宗教儀式時，並不是在廟裡面集結來進行禱告。這些神廟只是為了神明而蓋的房子，因此只有祭師和少數幫忙的人能夠進入，其他人就只是在廟前祈禱。由於這個原因，所以希臘的神廟都不大，也沒有什麼其他功能，而希臘的建築師們便將焦點放在神廟的外觀設計，使其看起來呈現完美的比例。在希臘的眾多神廟中最著名的就是巴特農神廟（Parthenon）。

　　這座大理石建造的神廟位於雅典衛城，而建造這座廟的目的主要是供奉希臘女神雅典娜。雅典娜為戰

巴特農神廟位於希臘雅典衛城的西南部，於西元前447～432年建造。

巴特農神廟屬於雅典衛城的一部分

神，不過也是智慧之神及航海者與雅典的保護神，神廟建造的費用由全雅典市民所捐獻。每四年舉行一次盛大的祭祀儀式，以慶祝雅典娜的生辰。

神廟建築所用的材料是使用彭泰利卡斯山的純白大理石，位置則在雅典衛城頂端的中央偏北部，和賽蒙約呈東西平行走向。巴特農神廟東西長60公尺，南北長29公尺，總面積是1740平方公尺，外部四周是多利亞式的白色大理石柱，總共46根，四周的環境都佈滿大藝術家巧奪天工的浮雕。有人曾經形容這些石柱為「當微風吹過纖細的廊柱，就彷彿歡快的手指正彈奏著一架豎琴」。

全希臘最頂尖的專家合力設計

整個神廟分成兩大部分，即正殿及後室，兩者皆無窗。正殿末端的正中位置，原本有一座由象牙與黃金製成，高約12公尺的雅典娜立像，上面有著桅杆，以象徵雅典娜為航海者的保護神。可惜雅典娜立像早在西元前200年便遭受破壞，其後便下落不明。後室部分為

巴特農神廟是希臘神廟中最著名的

貯藏祭祀器皿等之用。神廟外部雕刻甚多，唯內部無任何裝飾性之雕刻。

當年建造巴特農神廟時，幾乎把全希臘最頂尖的專家都找來工作，除了雕刻家、建築家、畫家、工匠外，還有數學家、哲學家與政治家的參與。菲狄亞斯（Phidias）曾在此創造不朽的作品，至今尚存的有雕刻、浮雕飾帶等，由於他高超的成就，被人稱為「神的雕刻家」。西元前4世紀，人像雕刻演變成更柔美且富於表情的風格，雕刻家以普拉克希特斯（Praxiteles）、史科帕斯（Skopas）、萊希帕斯（Lysippos）為代表。經過許多激烈的討論和爭辯，神廟終於在最嚴謹的設計下建造起來，線條和比例都堪稱完美。雖然神廟是由堅硬的大理石所建造的，卻不會給人笨重的感覺，反而有神聖的氣質存在。神廟的一大特色是眾多的巨大石柱，每條

石柱都微微向內傾斜，這是為了讓神廟看來更為穩固、扎實。

神廟另一值得細看的地方是楣樑上的浮雕，包括雅典娜披著盔甲從宙斯的頭頂躍出的情景、雅典娜與海神波賽冬（Poseidon）爭執的場面等，但部分的石雕已被收藏在倫敦的大英博物館。

當我們仰望高聳的建築物時，會覺得建築架構似乎外擴、扭曲，而巴特農神廟的設計者——恩達西斯，為了避免這種錯覺的產生，而將神廟的建築結構改用曲線來表現直線的美。支撐神廟的柱子從遠處看過去是直的，但實際上卻是弧形的，是由一塊塊的圓柱體堆砌而成。如此當雅典的人民仰望位在山丘上的神廟時，就會有莊嚴神聖的感覺。也因此這裡一直以來就是建築師、攝影師的最愛。

巴特農神廟本身在鄂圖曼帝國（Ottoman Empire）統治希臘時，被軍隊當成營舍與軍火庫，之後不幸被入侵的威尼斯軍隊打中火藥庫，巴特農神廟的中段亦被炸成碎片。雖然今天到巴特農神廟只看得到一片頹垣敗瓦，宏偉的石柱就只剩下側面的17根與前後各剩下來的8根，但也足以想像當年完整的巴特農神廟是何等壯觀，就像是奧林匹克山上的諸神宮殿。

巴特農神廟一直是攝影師的最愛

巴特農神廟只剩下一部份石柱

宙斯神廟是希臘著名古蹟

宙斯神殿

眾神之王掌管之地

　　宙斯神殿所在地即為古希臘眾神之王——宙斯掌管的地區。在古希臘時期，此地位於雅典城牆之外。到了哈德良皇帝時代，為了擴大雅典城規模，將城牆往外擴展，才把神殿納入城內。

　　神殿建於西元前470年，於西元前456年完工，採用多利安式（Doricorder）建築，由建築師伊利斯人李班

	保加利亞	
馬其頓		
		伊斯坦堡 ●
阿爾巴尼亞		
希臘		
	愛琴海	
		土耳其
	● 雅典	
愛奧尼亞海		
	克里特海	羅德島
地中海	克里特島	

宙斯神殿是古希臘的宗教中心，其位於希臘雅典衛城（Acropolis）的東南面，在依里索斯河畔一處廣闊平地的正中央。

（Libon of Elis）設計。宙斯神像（Zeus）則由雕刻家菲迪亞斯（Phidias）負責。菲迪亞斯之前已經用黃金和象牙為巴特農神廟創造著名的雅典娜神像，同時也在雅典衛城矗立起一座將近10公尺，而且同樣壯觀的雅典娜神像。他無疑是當時希臘的首席雕刻家。

神殿主體採用多利安式建築，表面舖上灰泥的石灰岩，殿頂則用大理石興建而成。神殿共由34根高約17公尺的科林斯式（Corinthian）石柱支撐著，面積達4428.525平方公尺。神殿前後的石像都是用派洛斯（Paros）島的大理石雕成。其西邊人字形檐飾上有著眾多雕像，十足的雅典風格。

宙斯像採用了所謂「克里斯里凡亭」（Chryselephantine）技術，是在木質支架外加象牙雕成的肌肉和金製的衣飾。寶座也是木底包金，鑲嵌烏木、寶石和玻璃，共歷時8年之久才告完成。菲迪亞斯所呈現的宙斯神像是坐姿，但宙斯的頭部幾乎要頂到天花板，所以會讓人有一種彷彿宙斯神站起來，祂將撞開神殿屋頂的感覺。據說菲迪亞斯建造雕像時，曾親自到奧林匹斯山問宙斯神是否喜歡這樣的風格，而宙斯神以降下閃電，打裂神廟的舖道作為回答。

宙斯像的右手握著一尊有翼的勝利女神像，象徵著奧林匹克運動會中的勝利；左手則持著鑲嵌金屬的權杖，表示祂做為眾神之王的至高無上。棲息在權杖上的是一隻老鷹，這是宙斯的絕對象徵。宙斯像完全是用象牙雕刻而成，但其穿著的長袍和涼鞋則以黃金製成。宙斯像的衣服上雕刻著精細的百合和動物，頭上則配戴桂冠，整個巨大的身軀安坐在烏木和象牙製的王位上。而其王位本身就是一件華麗的作品，雕刻著神話故事中的人物和場景，並且裝飾著黃金和寶石。宙斯的雙腳放在寬大的腳凳上，前面的黑色大理石池子用來收集從神像傾瀉而下的橄欖油，這些橄欖油可能是用來防止象牙碎裂的。宙斯像約高13公尺，相當於四層樓高的現代建築。這項成果是足以震驚古人的華麗奇蹟，被記錄在西塞羅（Cicero）、卡利馬科斯（Callimachus）、保薩尼亞斯

威廉‧盧貝克繪製的宙斯神廟插畫

宙斯神廟現在僅存幾根石柱

十九世紀時繪製的宙斯神像想像圖

（Pausanias）和史特拉博（Strabo）的著作裡。

毀滅的神像

　　神像昂然地接受人們崇拜達900百多年，然而在西元393年，羅馬皇帝狄奧多西毅然頒發禁止競技的敕令，奧林匹克運動會也在這一年終止。西元426年，狄奧多西又頒發了異教神廟破壞令，於是宙斯神像就遭到破壞，菲迪亞斯的工作室亦被改為教堂，古希臘從此灰飛煙滅。神廟內傾頹的石柱更在西元522年及551年的地震中震垮，石材被拆毀，改建成抵禦蠻族侵略的堡壘。所幸，神像在這之前已被運往君士坦丁堡（Constantinople），被閹臣路易西收藏於宮殿內達60年之久。可惜的是，西元462年的一場大火，讓這座城市受到嚴重毀損，同時也毀了宙斯神像。宙斯神像並沒有任何的複製品，今天我們所知道與這座雕像有關的一切都是源於古代文獻的描述，以及古代貨幣卜簡略的描繪。

　　雖然宙斯神殿中的宙斯像已消失於世上，但宙斯像卻以另一方式存在：宙斯臉孔變成東正教的全能基督像。在伊斯坦堡的聖方濟各小教堂內，頂端寶座上坐著的就是化為基督的宙斯神。這尊異教神祇究竟如何轉化代表為基督形象？考古學家估計有幾種原因：第一，宙斯像本身就是極其完美的奇觀；第二，宙斯像代表的最高神性幾乎已達千年之久。所以，就算宙斯像在一場大火中被焚毀，但其最高的神性仍舊存在，並且以另一種模式流傳後世。這也不失為一種特殊的轉變呢？

羅馬競技場

羅馬的公共建築

羅馬的發展

　　義大利西岸中部的台伯河下游是一片富庶的平原。西元前8世紀，拉丁人在台伯河畔建立羅馬城，成為獨立國家。羅馬在地中海沿岸逐步發展，從西元前8世紀到西元476年，總共有長達13個世紀的歷史。依照其政治組織情形，可分為三個時期。

瑞士	奧地利	匈牙利
	斯洛維尼亞	
		克羅埃西亞
法國		波士尼亞
		亞德里亞海
科西嘉	羅馬 ● 義大利	
		▲▲ 維蘇威火山
撒丁		
	第勒尼安海	
	西西里島	
阿爾及利亞 　突尼西亞	地中海	

羅馬位於義大利半島的中部，亞平寧半島中南部的西側，台伯河下游的丘陵平原上。

羅馬的古市集遺跡

羅馬最早的一個時期是王政時期（西元前8世紀～前510年），在這個時期，羅馬人主要的成就在於抵抗外族入侵，並逐漸發展自己的文化。

王政時期之後，羅馬步入了共和時期（西元前510年～前27年）。在共和時期，羅馬不斷以戰爭擴張版圖，在西元前3世紀佔領了整個義大利半島，西元前2世紀制服北非，並積極地進入希臘化世界，一方面大量吸收希臘文化，一方面逐漸取得希臘世界的控制權。由於戰爭的勝利，羅馬軍隊帶回大量的希臘藝術品、書籍和俘虜。俘虜中的知識分子後來則成為羅馬貴族家中的奴隸兼家庭教師，使得羅馬上層社會開始希臘化，而羅馬的文學、藝術也因而深受希臘的影響。

結束了共和時期，羅馬進入了帝國時期（西元前27年～476年），凱撒之子屋大維在西元前27年結束內戰，成為羅馬的統治者，羅馬進入帝國時期，其版圖包括今日的義大利、法國、以及地中海沿岸的希臘化世界，開始了約200年的繁榮時期。從西元3世紀起，羅馬帝國逐漸在經濟、政治及社會各方面陷入混亂，最後分裂為東西兩個帝國，西羅馬帝國在西元5世紀（476年）末崩潰，東遷的東羅馬帝國（即拜占庭帝國），則屹立了千年之久（1453年被滅）。

講求實用性

羅馬人講求實用性，所以藝術觀點表現於公共建築上的實用特色。羅馬人對藝術強調實用的價值觀，因此，羅馬藝術家在建築藝術中表露無遺。除了規劃建造出許多的公共建築及設施之外，他們在視覺藝術上風格的展現也扮演了繼往開來的角色。

石柱類型（Orders）

古希臘的多利安柱式、愛奧尼亞柱式，及科林斯柱式在羅馬建築中大量被採用。這種連續性是純美學的，多利安柱式看來最沈穩有力，而科林斯柱式則是最輕快的。

除此之外，羅馬人也改良出兩種新的柱式，分別為羅馬多利安式（The Roman Doric Order），這是羅馬人改造多利安柱式，在柱底加上一個柱基後的成品。以及複合式（The Composite Order），這是把愛奧尼亞柱式柱頭上的捲渦造型加在科林斯式柱頭上得到的複合式柱頭柱式。

羅馬競技場內部景象

拱門與拱頂（arch and vault）：

實際上，拱門造型從埃及時代便開始發展，而羅馬則是首度將之與標準的希臘石柱相結合運用的藝術風格。

羅馬的拱門由一塊塊楔形拱石交相砌成，十分穩固。後來演變成筒型拱頂及穹型拱頂。由於羅馬人相當注重藝術的實用性，不重視創造性，因此，羅馬的藝術，無論是建築、雕刻、或是繪畫，常常都是抄襲希臘作品。唯一可說具有羅馬

風格的，是共和時代晚期以後的人物肖像。不同於希臘肖像的唯美、優雅，這些羅馬肖像酷似真人，主要作為紀念用途。雖然在美學上沒有深刻的表現，但卻留下了當代羅馬名人的生動面貌。

與羅馬帝國在政治、文學等各方面傲人的成就相比，其在視覺藝術上的成就，似乎缺乏一種獨立完整的特色。主要的原因在於羅馬人對希臘藝術的高度景仰及精細地模仿。他們不但自希臘引進

二十世紀初拍攝的羅馬競技場照片

大量的作品，並且將之仿作，甚至在他們自己創作的藝術品中，希臘藝術的影子仍清晰可見。羅馬人雖然征服了希臘，但在文化上卻被希臘人所征服。

在羅馬時期遺留下來的藝術品中，最為人知的可說是它的公共建設了，如羅馬的條條大路、供水道、公共澡堂、競技場等。這些巨大雄偉的建築，都是在實用目的下所建造，並有著各種巧妙的建築技法，即使到了今日，其廢墟遺址都仍然讓人讚嘆，不由得駐足欣賞。

由於當時的羅馬城是一個多民族聚集的帝國首都，因此，除了希臘文化的傳承之外，羅馬也同時接受吸收了埃及以及西亞文化等多種民族風格。在這樣一個幅員遼闊、種族繁多的帝國中，其視覺藝術風格的複雜多樣可見一斑，絕非風格單純一致的埃及藝術或階段分期鮮明的希臘藝術所能比擬。

1890年時拍攝的羅馬競技場照片

有人認為阿波羅巨像的雙腳
橫跨羅德島的港口

最神祕的世界奇觀

羅德巨像

戰爭勝利的紀念

　　羅德巨像（The Colossus of Rhodes）是八大奇觀之中最為神秘的，因為它只有56年的生命，之後便因為地震而倒下，至今考古學家仍未能確定它的位置及外觀。

　　古典學者表示，類似巨像的雕像大多是豎立在神廟旁，但羅德島的太陽神廟位於城中央的山丘上，廟旁沒有任何巨像痕跡，卻發現一道重要的線索：巨像時代的巨大

羅德巨像位於愛琴海東南部的羅德島（Island of Rhodes）上，約建於西元前294～282年。

城牆從城鎮一直延伸到港口，證明羅德港大半是人工建造的，也表示巨像可能就在港口城牆的尾端。西元前305年，羅德島聯邦和馬耳他（Macedonia）的安帝哥尼斯（Antigonids）發動了一場戰爭，戰勝的羅德島聯邦為了紀念這場戰爭，所以建造羅德巨像。

　　生於巨像屹立時期的拜占庭學者菲羅，認為它的建造就像建造房子一樣。依巨大雕像殘片顯示，其建造技巧之精妙不亞於宙斯像，巨像是一點一滴以大理石為結構基礎，肌膚則是澆鑄銅片建成。

巨像在56年後（西元前226年）因地震傾倒，殘骸堆積在Mandraki港附近的岸邊，據說遺跡仍壯麗可觀。西元654年，傾頹的雕像由入侵的阿拉伯士兵敲碎當破銅爛鐵在敍利亞販賣，因此，它的資料更是無跡可尋。菲羅寫道：「羅德島巨像躺在海上太陽升起光華之處。」古代作家這樣描述：「巨像曾矗立此地，是與第一個太陽面向相對的第二個太陽。」

驚人的大小

　　羅德巨像並沒有留下什麼複製品或

1490年時繪製的羅德島地圖

羅德島位於愛琴海東南部

模製，所以我們只能依據文獻記載而推測它的外觀，可是文獻中只把它當作一件奇物而不是一件藝術品來描述。對巨像未倒坍時的樣子，也沒有直接的描述。實際上，主要資料都是來自普利尼（Pliny the Elder），他說：「最使人讚賞不已的是羅德島太陽神巨像。那是利西波斯（Lysippus）（亞歷山大大帝宮廷雕刻家）學生之一卡雷斯（Chares）的得意之作。

這尊巨像高34公尺，於豎立56年後，在地震中倒坍。就是躺在地上時，巨像仍然是一件驚人的東西，很少人能夠用雙臂環抱它的大拇指，其他手指每隻都比一整座普通雕像還要粗。巨像折斷的四肢，斷口處像巨大的洞穴，裏面巨石纍纍，那是豎立巨像時用來穩定巨像的。根據古代傳說，巨像造了12年，一共花了300塔侖（talent，古希臘的貨幣單位）。

這座巨像實際上是要獻給太陽神赫利俄斯（Helios）的，祂是羅德島的保護神。在西元前305年，赫利俄斯從敘利亞統治者狄米提流斯（Demetrius）的圍攻中，解救了這座城市。在撤離這座島嶼時，狄米提流斯丟棄所有的攻城器具，羅德島人將它們賣掉，以這筆款項充做建造巨像的資金。

分段鑄造的巨像

　　這項工程委託卡雷斯負責，他所設計的人像頭上頂著光芒四射的光環，一頭捲髮好像正由微風輕拂著，而這些都是太陽神的相貌特徵。根據發現的貨幣上所描繪的赫利俄斯，這座巨像可能擁有逼真且近乎天使般的臉孔，且嘴唇微微地開啟著。這座巨像高聳於其他城市建築之上，必定會讓本地的羅德島人和外來訪客產生深刻的印象。巨像的龐大尺寸，顯示出它的四肢和身體不可能是分開鑄造，然後再固定在一起。然而，卡雷斯卻是在原地鑄造這座人像，而且是分段鑄造的。這項工程開始於西元前294年，從雙腳的鑄造開始，然後把雙腳安置在白色大理石的基座上。接著在雙腳上鑄造小腿，再次使用細心準備刻好的模子。如此一段得接著一段豎立起巨像。它是個空心結構，內部用鐵架和橫木加固並以石塊加重。

　　隨著巨像鑄造工程往上進行，地面上也有一座土台連續不斷升高，提供工匠們一座可以繼續模塑下一部位的平台。整個工程中，這種進行方式使得卡雷斯在最後部分完成鑄造、裝設之前，從未能領會整座塑像的模樣，直到地面上的土台移除後，它的壯觀才全部顯露。

　　這座巨像所需的青銅數量消耗掉羅

1880年繪製的羅德島巨像想像圖

德島所有的銅錫礦藏，不過羅德島是一個重要的貿易中心，可經由海路輸入原料。有限的青銅數量或許是巨像一年只能鑄造2到2.5公尺的原因之一；另外一個原因則是工程所需耗費的時間，包括了熔化和鑄造青銅、建造和加高土台，以及鑄造巨像本身。

　　其次，為了抵擋狂風暴雨，這樣一座巨大塑像必須是圓柱狀的。他的武器一定要緊握在一旁或是筆直的向上高舉，其他的姿勢都會因重量和體積的關係而難以維持穩固。我們也可排除這種巨像

COLOSSVS SOLIS

十六世紀畫家想像的羅德島巨像圖

跨立在港口上的臆測；這種形式需有橫跨120公尺以上的空間，而且僅是出於15世紀一位朝聖者的想像罷了。然而，羅德島巨像事實上只佇立了56年，在西元前282年巨像完成，西元前226年就在一場地震中倒塌。而這些倒塌的殘骸仍持續成為一個觀光景點，直到西元7世紀被敍利亞商人運走。

長久以來，有關巨像的模樣眾說紛紜，一般人都相信它是兩腳張開、手持火把，站立於羅德島Mandraki港口的入口處，船隻由其胯下經過。然而，研究顯示以港口的闊度和巨像的高度來計算，這種結構是不合常理的，因為巨像跨越港口入口必須要四分之一公里高才能辦到。不論以金屬或石塊來建造，跨立的巨像絕對無法承受巨大張力和冬季強風，而且傾倒後巨像的遺跡也會阻礙港口的進出，所以估計真實的巨像應該立於港口東面或更內陸的地方。至於姿勢為何？則根本不知道，到底站立？坐下？或是駕著馬車？至今仍無人知曉。

今天的阿提密斯神殿遺址（Adam Carr攝）

古希臘建造的最大神殿

阿提密斯神殿

多災多難的建築

　　阿提密斯神殿（Temple of Artemis）以其建築風格的壯麗輝煌和規模巨大，而得以名列八大奇蹟之一。它的規模遠超過巴特農神殿，是古代希臘人曾經建造過的最大神殿之一。這座壯麗神殿吸引許多的朝聖者，同時也為神殿本身和這座城市帶來了巨額財富。這裡是一位神秘女神，以弗所人的黛安娜（Diana of Ephesusian）的崇拜發源地。雖然她被比為希臘的

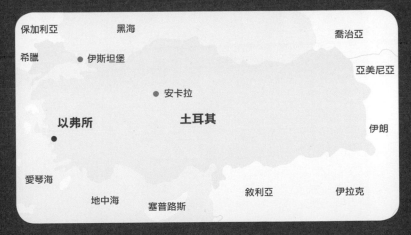

阿提密斯神殿據稱位於古城愛菲索斯，約在土耳其的以弗所（Ephesus）南面50公里，位於小亞細亞，是古代愛奧尼亞地區的都市之一。此座神殿約建於西元前550～325年。

以弗所的古希臘劇場

女神阿提密斯，但其實是位古老的安那托利亞女神（Anatoliandeity）。由於在古代的希臘阿提密斯女神極受尊敬，因此人們建造神殿以作崇拜。

阿提密斯神殿曾有過七次的重建，算是滿多災多難的建築。阿提密斯神殿不僅是希臘最大的神殿之一，也是最早完全使用大理石興建的建築之一。首座神殿在西元前550年由利底亞（Lydia）克羅索斯（Croesus）國王，提供財物上的支援。建築師薩摩斯（Samos）、喬西宏（Chersihon）及他的兒子梅塔傑那斯（Metagenes）共同設計，採用愛奧尼亞式（Ioniccolonnade）建築，以大理石建成，是當時最大的建築物。

巨大的建築工程

神殿建築工程的規模可用一則故事說明。當初神殿建築師喬西宏面臨如何將入口處的大門楣抬起的問題時，幾乎煩惱到要自殺。在西元前515年，希臘建築師就已經開始使用起重裝置等設備，但是阿提密斯神殿上的石塊實在太重了。然而，唯一的問題不單只有如何抬起巨大的石塊，喬西宏也必須確保作為橫樑的石塊能精確地安放在位置上。為了達成這個目的，他用沙袋建成一道斜坡，沙袋堆疊到比石塊預定位置略高，一旦石塊被拉上坡道後，就掏空底層的沙袋，如此坡道表面將緩緩下降，直到石塊固定到恰當位置。

這座建築所需的大理石來自於11公里外的採石場，這麼遠的距離使得搬運重達40噸的巨大岩塊成為一項挑戰。一般的運貨馬車不可能承受這種規模的重量，但喬西宏設計了一個變通的方法：他將圓柱固定在一個木架的中軸上，使得圓柱可像巨大滾輪般的轉動，而且可以用牛群拖運。喬西宏的兒子梅塔傑那斯更將這個概念加以改造，把橫樑的兩端分別裝進巨大的木輪裡面，故方形的橫樑石塊也可用同樣方式搬運。

神殿的規模和建造神殿所需的石塊運用新技巧來加以運送和搬舉石塊，在喬西宏的方法尚未在其他地方普遍流傳時，這座巨大的神殿就已經為他的聰明才智做了最好的見證。遺憾的是，神殿只有極少部分留存至今，包括發掘出來的神殿基座和唯一一根復原的圓柱。

估計此棟建築正面約55公尺、深度約115公尺，由127根約19至20公尺高的石柱支撐，整座建築物均由菲狄亞斯、波利克萊圖斯（Polyclitus）、克雷西拉斯（Kresilas）和福雷德蒙（Phradmon）等著名的藝術家以銅、

以弗所的古希臘步道遺址

和迷宮不相上下」。古代參考文件更是無數次提及這棟建築，偉大歷史學家曾將它描述為「同時結合希臘藝術與亞洲財富」。

重建、燒毀、消失

　　然而，在西元前356年，神殿受到希臘人（希洛托勒多斯）有計劃地燒毀。不久再次動工興建，其規模與前者差不多，整體裝飾富麗卻更勝於從前。石柱的長度增到21.7公尺，並且加建了13級階梯環繞在旁。傳說第二次重建時，婦女變賣珠寶首飾作興建費用，而且所有城邦的國王們，也效法克羅索斯王，捐出大圓柱。

　　亞歷山大遠征亞洲時，對尚未完成的神殿甚為嚮往，曾建議捐贈所有資金，但遭拒絕。西元5世紀前期，因為東羅馬皇帝狄奧多西為狂熱的基督徒，他下令焚燒神殿。阿提密斯神殿就再也沒被重建起來了，從此消失於大地上，消失於人們的記憶裡。

　　西元1836年，英國業餘旅遊家兼考古學家約翰·圖特伍德對尋找阿提密

銀、黃金及象牙浮雕裝飾。在中央的「U」形祭壇擺放著阿提密斯女神雕像，祂頭戴著雕刻項鍊，身上細袍圍繞著神秘乳房狀物件，也成為祂的最主要標記，優雅、純潔、正直、有氣派又莊嚴。祂靜靜地佇立著，供世人欣賞讚嘆。阿提密斯神殿前後花費了20多年才完成。傳說在西元前5世紀希臘史學家希羅多德，見到首次建造的阿提密斯神殿，不由得讚嘆：「其與吉薩金字塔

DIANÆ EPHESIÆ TEMPLVM

文藝復興時期的畫家以想像描繪的阿提密斯神殿

斯神殿極為熱切,他在大英博物館的資助下進行挖掘。他首先在愛菲索斯的露天劇場內牆上發現銘文,是由當地公民所撰寫的,銘文記載有大批阿提密斯女神黃金雕像曾捐獻給大神殿。其中最吸引伍德的是,這批雕像每年在阿提密斯女神誕辰時,會由神殿送到美納亞門遊街示眾。伍德相信只要找美納亞門,就能找到神殿道路。經過11年的挖掘,伍德終於在地下7公尺深處,掘出神殿的遺跡。

根據出土的建築物材料和圓柱碎片,藉著藝術家和建築家的協助之下,神殿的原來面貌已可以成功地勾畫出來。不過伍德在挖掘過程中,唯獨遺漏了阿提密斯女神的雕像。多年後,澳洲考古學者在市政廳牆後發現了女神雕像,祂躺在黑暗中,已經歷經了17個世紀。

巴比倫人另一個奇蹟的建築——巴別塔，圖為十六世紀畫家的想像畫

舊巴比倫城
（空中花園）

雄偉的巴比倫城

　　希臘史學家希羅多德在西元前5世紀中葉寫成的《歷史》（Histories）一書中，用了很長篇幅敍述巴比倫。他一開頭便說到：「亞述（Assyria）有很多大城市，但最著名、最富強的……首推巴比倫。巴比倫位於一片廣闊平原上，正方形，邊長120希臘里（21公里半），周界480希臘里（86

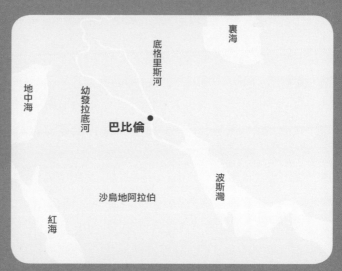

四大文明古國之一的舊巴比倫位於幼發拉底河（Euphrates）和底格里斯河（Tigris）的交會處，即美索不達米亞平原（Mesopota mian plain，意即兩河之間的土地）所在的區域。空中花園估計位於距伊拉克首都巴格達大約100公里處，在幼發拉底河東面，於舊巴比倫最興盛時期——尼布甲尼撒二世時代（西元前604～西元前562年）所建。

二十世紀巴比倫空中花園畫 (by H. Waldeck)

公里），該城面積大，設備之完善天下無雙。該城的四周，有很深的護城河圍繞著。……」希羅多德接著形容那座用磚塊和瀝青造成的城牆結構：「外城牆可以說是一面盔甲；裡面還有一面較薄的，但幾乎是同樣堅固的內牆。」

而今，事實證明希羅多德對巴比倫的描寫，有誇張或混淆不清之處，例如其將外牆和內牆混為一談。外牆在河流的東面，長達18公里，平均寬達7.1公尺，每44公尺有一個城樓。外牆之內是城市區外圍的一大片空地，是附近鄉村居民遇有危險入城躲避之處。護城河包圍著長

方形的城市區，而其河水來自於幼發拉底河。城外更有雙重堅固磚城牆圍繞，每隔若干距離，有一道宏偉的城門，其中最壯觀的是伊斯塔城門（Ishtar Gate），其上再建高達12公尺的城門樓，上面飾以龍和牛的浮雕。這些裝飾是在青金石造的底板上，用特別設計的磚砌成，磚面燒成白、黃、藍、綠及深棕色的瓷釉。每隻獸像高逾1公尺，估計裝飾門上的獸像共有575隻。

當時的希臘人，從未曾見過那麼雄偉、華麗、複雜的城牆，也沒見過專門建造有浮雕圖案牆壁的磚，當然也沒有見過

綴有獸像色彩鮮明的牆面。因此很多人懷疑希羅多德是否真曾親眼見過那些牆，或只是根據別人的記錄斷章取義，加以敘述。

排憂解悶的花園

舊巴比倫人很重視城市的建築，著名的「巴比倫空中花園（Hanging Gardens of Babylon）」就是世界八大奇蹟之一，而高聳入雲的「巴別塔（Tower of Babel）」更是傳說使上帝震驚的偉大建築，千百年來令人念念不忘。

巴比倫的大門叫典禮門，高4公尺多，寬2公尺左右。門的上部是拱形結構，兩邊和殘存的城牆相連，門洞兩邊的牆上有黃、棕兩色琉璃磚製成的雄獅、公牛等圖像。這座城門建築得十分牢固，西元前568年波斯人在摧毀巴比倫古城時，只有這座城門倖存下來。在千百年風雨剝蝕下，古城城牆已坍塌無存，唯獨這座城門依然完好如初。

穿過城門是一條遊行大道，上面鋪著灰色和粉紅色石子，大道兩旁的殘牆上現在還留著清晰可見的雄獅、公牛等圖像。尼布甲尼撒的王宮就在大道西邊。

被人們稱為「世界八大奇蹟」之一的「空中花園」，就在南宮的東北角。相傳，它是尼布甲尼撒二世為了讓他的米提妻子安美依迪絲（Amyitis），排憂解悶而興建的，可惜它早已不存在。

「巴比倫空中花園」當然不是懸在空中，這個名字純粹是出自對希臘文paradeisos一字的意譯。其實，paradeisos一字直譯應譯作「梯形高臺」，所謂「空中花園」實際上就是建築在「梯形高臺」上的花園。希臘文paradeisos（空中花園）後來演變為英文paradise（天堂）。

至於為何要建築這樣奇特的花園呢？古代世界就有二種不同的傳說。一種傳說是西元前1世紀中葉，西西里島的希臘史學家狄奧多羅斯（Diodorus Siculius）在他的40卷《歷史叢書》中說由亞述女王塞米拉米斯為供自己玩樂所

二十世紀畫家描繪的空中花園圖

建。空中花園或許真的存在過，但塞米拉米斯卻實無其人，她是希臘傳說中的亞述女王。

另一種傳說是來自巴比倫祭司史學家貝羅索斯（西元前3世紀前期）的著作。他寫過一部關於巴比倫歷史和文化的著作，向希臘人介紹巴比倫的來源。貝羅索斯說，它是尼布甲尼撒王擔任巴比倫王時，迎娶了北方國米提王之女安美依迪絲為妃。而米提是一個山國，山林茂密，花草叢生。在這裡長大的王妃，對於長年不雨的巴比倫的生活，非常不能適應。所以，她一直懷念故鄉美麗的綠色丘陵。尼布甲尼撒王為了取悅思鄉的王妃，不惜用巨資與人力，在巴比倫建造一座花園，而且，這座花園必須比米提任何一座花園都要瑰麗、美好。而大多數人都認同貝羅索斯的說法。

空中花園的構造

空中花園建於皇宮廣場的中央，是一個四角椎體的建設，堆起縱橫各400，高15公尺的土丘，每層平台就是一個花園，由拱頂石柱支撐著，台階並鋪上石板、蘆葦、瀝青、硬磚及鉛板等材料，目的是為了防止上層水分的滲漏，同時泥土的土層也很厚，足以使大樹紮根；雖然最上方的平台約有60平方公尺左右，但高度卻達105公尺（相當於三十層樓的建築物），因此遠看就仿似一座小山丘。

另外，因為美索不達米亞平原一帶氣候乾燥、缺少石材，而空中花園離幼發拉底河又有一段距離，所以專門研究的學者專家們認為空中花園應該要有完善的輸水設備，故應藉由奴隸們不停地推動著連繫的齒輪，把地下水運到最高層的儲水池中，再經過人工河流往下流以供給植物水分。同時美索不達米亞平原並沒有太多的石塊，因此研究員相信花園所用的磚塊定是與眾不同，相信它們被加入了蘆葦、瀝青及石塊。而狄奧多羅斯更指出空中花園所用的石塊加入了一層鉛板，以防止河水滲入地基。

同時，尼布甲尼撒王更在花園的最

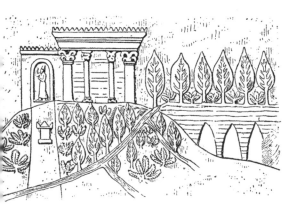

一幅描繪巴比倫皇家園林的壁畫，可能是空中花園的原型

上面建造大型水槽，透過水管，隨時供給植物適量的水分。有時候，也用噴水器降下人造雨。而在花園的低窪部分，更建有許多房間，從屋內可以看到成串滴落的水簾。即使在炎炎盛夏，也感覺到非常涼爽。在長年乾旱且能生長出一些耐旱灌木的土地上，出現令人驚嘆的綠洲。如同撰寫奇觀的人說：「那是尼布甲尼撒王的御花園，離地極高，樹木的懸根由跳動的噴泉灑出水來澆灌。」西元前3世紀菲羅曾記述到：「園中種滿樹木，無異山中之國，其中某些部分層層疊長，有如劇院一樣，栽種密集枝葉扶疏，幾乎樹樹相觸，形成舒適的遮蔭，泉水由高高噴泉湧出，先滲入地面，然後再扭曲旋轉噴發，通過水管衝刷旋流，充沛的水氣滋潤樹根土壤，永遠保持濕潤。」

名揚千古的奇蹟

空中花園雖然比不上伊斯塔門和遊行大道多采多姿，也不如巴別塔那樣氣勢雄偉，但是作為一種精巧華麗的古代建築則是出類拔萃的，僅僅是成功地採用防止高層建築滲水及供應各平台用水的供水系統，就足以令它名揚千古。歷史學家更發表：「從壯大與寬廣這一點看，空中花園顯然遠不及尼布甲尼撒二世宮殿或巴別塔，但是它的美麗、優雅，以及

十六世紀描繪空中花園的插圖

難以抗拒的魅力，都是其他建築所望塵莫及的。」

千百年過去了，不知有多少人一直想找到巴比倫城的遺址。1899年3月，一批德國考古學家，在今天巴格達南面50多公尺的幼發拉底河畔，進行了持續十多年之久的大規模考古發掘工作，終於找到了已經失蹤兩千多年、由尼布甲尼撒二世在西元前605年改建後的巴比倫古城遺址。

考古學家們目前仍在巴比倫古城遺址上進行著發掘工作。許多宮殿、神廟、街道和房屋已經漸漸露出地面。考古學家們正在和史學家、藝術家們一起，根據發掘出來的文物，複製舊巴比倫城大多數建築物的原型，以便有朝一日能使這座人類宏偉的古城恢復舊觀。

莫索洛斯陵墓遺跡今貌（FollowingHadrian攝）

高懸城市的雲團

莫索洛斯陵墓

銀白色的雄偉巨物

　　古代作家常說，莫索洛斯陵墓（Mausoleum）就像是一個銀白色的雲團，高懸在城市上空。傳說這座莫索洛斯陵墓是由莫索洛斯王和他的妻子——卡里亞（Caria）的阿爾特米亞二世（約西元前353～前350年），在西元前350年前後建造的，可惜他們無法親眼目睹這座陵墓的完工。在莫索洛斯王於西元前353年去世後一年，阿爾特米亞二世亦隨之過世，但陵墓依然繼續建造直到完成。

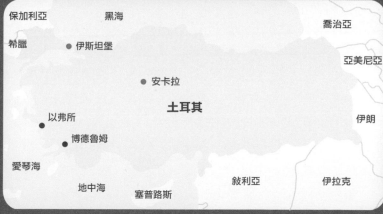

莫索洛斯陵墓位於哈利卡納素斯（今日的土耳其博德魯姆），在土耳其的西南方。今日英語中「陵墓」一詞（mausoleum）即源自莫索洛斯的名字。

莫索洛斯陵墓復原模型
（Nevit Dilmen攝）

莫索洛斯陵墓的確是一座雄偉的建築物，其位於哈利卡納素斯（Halicarnassus），在土耳其的西南方，佔地1216平方公尺以上，當時其他陵墓無論在規模和莊嚴上都無法與之相比。雖然今天莫索洛斯陵墓僅存少數殘蹟，但我們透過歷史文獻和考古仍可發現知道它的許多建築細節。

陵墓一共分為四層，基壇為六階，以希臘運來的白色大理石建造。其中建築物被高20公尺的墩座牆圍住，四周放著騎在馬背上的戰士雕像。墩座上方，排列著36根12公尺高的愛奧尼亞式的金白色大理石圓柱。在圓柱與圓柱之間，以男神和女神的立像裝飾，圓柱的上方，放著台輪；上方是極其傾斜，高7公尺的金字塔，塔頂以鍍金的青銅四馬二輪戰車裝飾；而墓內矗立著莫索洛斯王和阿爾特米亞女王的大理石雕像。

莫索洛斯陵墓的平面幾乎呈正方形，東西比南北兩邊稍長。完善的排水道和地道系統讓建築得以維持乾燥，並能穩固地支撐著。

最優秀的雕刻團隊

這座華麗莊嚴的陵墓周圍是與之相稱的雄偉設施，四周有巨牆環繞。巨牆大約涵蓋了2.5公頃的範圍，要進入這裡，需從東邊穿過一條宏偉的通道。據說希臘最優秀的雕刻家中，有四位參與了莫索洛斯陵墓的裝修：斯科帕斯的帕羅斯（Paros）、提莫休斯（Timotheus）、布利阿克雷斯（Bryaxis）和萊奧卡雷斯（Leochares）。四位分別負責陵墓四面的雕刻，另外金字塔狀屋頂上方有巨型四馬雙輪戰車。

兩條帶狀雕刻環繞著陵墓建築四面，其中一條描述著拉皮斯人（Lapiths）和半人半馬怪

莫索洛斯陵墓北側殘存雕像(Jastrow攝)

（Cenaurs）的戰鬥，另一條則是關於希臘人和亞馬遜人（Amazons）之間的戰爭，包括有等身或稍大的人物、獅子，個別矗立在藍色石灰岩塊上。

　　金字塔屋頂的高度大約有6.8公尺，屋頂上那組雙輪戰車的高度則令人印象深刻，約有6公尺，將近實物的兩倍大小。如此還有20.2公尺的高度留給墩座。光墩座本身大約就需要開採、切割、搬運、堆砌約24,563立方公尺的石塊。只有內層的綠色火山岩是取自當地，其它的石塊經分析顯示是來自更遙遠的不同地點。雕刻亞馬遜人的大理石源於科斯（Kos）島，而雕刻

雙輪戰車的石材則可能是源自阿菲永（Afvon）地區內陸的弗里吉亞大理石（phifygian marble）。這些材料的多樣性及產地分布的廣泛，或許已經說明了莫索洛斯身為一個區域強權主要領導者的地位與名望。

陵墓的損毀與遺跡

　　我們並不清楚這座陵墓究竟何時傾毀（或許是毀於一場地震），有些人甚至臆測它可能從未建成。15世紀聖約翰爵士在斷垣殘壁中挖掘，帶走這裡的大理石用以製作石灰泥，並用原有的岩塊修築他們位於波德侖的城堡，而關於

莫索洛斯陵墓石壁浮雕

這座遺跡的所有資訊也就此消失了。

發掘工作在19世紀展開，1960和70年代又再次進行，這些工作重建了莫索洛斯陵墓的底層平面圖，並且概略顯示了它的建造程序。1859年，英國考古學家對著名的莫索洛斯陵墓展開挖掘，並將倖存的石獅雕像、圓柱及人像的碎片存放在英國倫敦的大英博物館特別室內保存。

遺址所在地後來被作為大型墓地，這需要夷平地表並填平原來的通道和墓室，以提供一個穩固的基礎。當地幾乎長達一公尺的火山岩塊，被用在地基和墩座的中心部分。金屬桿鉗緊前後相接的石塊，以加強牆垣的接連及撐托，從不同方向連結石塊的金屬榫釘極可能提供了進一步的支撐力，柱廊和金字塔形屋頂同樣是經過精密計畫的，柱廊的每根圓柱之間距離3公尺，所以總共有36根愛奧尼亞式圓柱。圓柱上面再次使用金屬鉗以連接做為橫樑的石塊。

巨大石塊工程之謎

由於考古證據的不足以及古代文獻的記載不清，使得搬移莫索洛斯陵墓石塊的方式難以確認。由圓柱每節的體積和被搬舉的高度來看，當時必定使用某種起重裝置來把它們放到墩座上。一旦放到定位點上，每節圓柱就必須裝上用來連接、固定它們的木榫。墩座的石塊可能也以同樣的方式抬起。搬移石塊築成金字塔形屋頂想必是更加的困難，因為無論使用任何手段，都需要成比例的強化。這不單是要計算到石塊的體積，還要考量它們被抬舉的高度——大約32～39公尺。

搬舉和固定雕刻裝飾並不困難，然而吊舉石塊有碎裂的風險，這種風險在吊舉雕工精細且帶有易損毀的肢、翼雕塑時更加的提高。然而，與實物大小相等或更大的作品，在這個精心設計的雕刻計畫中卻是不可或缺的部分。

豐富的彩繪與裝飾

豐富的裝飾品，特別是獨立式的雕刻品，使得莫索洛斯陵墓具備成為世界八大奇蹟的資格。無數殘留的碎片，有些留著彩繪的痕跡，如紅棕色的頭髮

莫索洛斯陵墓石壁浮雕

莫索洛斯陵墓遺跡今貌(Dorushiva攝)

和鬍鬚，紅色、藍色、紫色的斗篷和衣服，屋頂四周邊緣的獅子像則塗著黃赭色。然而，如何安置所有個別的雕刻品，仍然是個極具爭議的問題。有些人主張為了擺置所有雕刻，墩座必為階梯狀，才能產生擺放雕像的空間。有些人則堅持文獻中並沒有階梯狀墩座的記載，但他們的論點卻無法成功收納所有雕刻品。甚至那些主張階梯狀墩座的人，在台階數目上也無法達到一致的看法。

我們對於墓室本身的認識比較確定，它是建在這座雄偉建築物基部的長方形房間，須往下經過一段階梯才能到達，由巨大的大理石門封住。在入口處是一塊巨大的方形石塊，其上有安裝榫釘的孔眼和縫隙，而這些原本是用來固定石塊的。

然而，莫索洛斯和阿爾特米亞二世為什麼要建造一座如此煞費苦心的不朽建築呢？「政治」或許提供了答案。莫索洛斯曾熱切的想要建立卡里亞帝國，以統一希臘和非希臘人，而他的陵墓即標誌著這種統一的慾望，其結合了希臘、西亞和埃及的建築特色。

莫索洛斯陵墓的創新之處，就是把建築和雕塑的關係帶到一種新境界，創造了兩者之間的和諧，這種關係在許多後來的建築物中不斷重複出現。莫索洛斯透過他的陵墓也建立了一種展現不朽的形式，在希臘化和羅馬時代的宏偉建築上被大量仿效（以一種較小的規模），而且留下了「陵墓」（mausoleum，源於Mausolus之名）這個字眼。而這個字眼直到現在，我們仍然將它使用在任何雄偉的喪葬建築上。

四世紀時的法羅斯燈塔鑲嵌畫

照耀大海的奇蹟

法羅斯燈塔

世界最高的建築物

　　法羅斯燈塔（Pharos of Alexandria）是一座為指引船隻安全到達亞歷山卓港而設計的燈塔，據說它花了15年（西元前297～283年）的時間，而且總共花費了800塔侖。燈塔始建於托勒密一世時期，到了托勒密二世時完成。除了吉薩金字塔之外，它是古代世界最高的建築。

　　法羅斯燈塔是世界七大奇蹟中，唯一不帶有任何宗教色彩，純粹為人民生活而建的古代建築。燈塔在黑夜

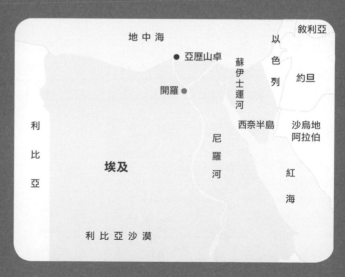

法羅斯燈塔位於埃及的亞歷山卓港約1公里處的法羅斯島（Island of Pharos）東邊約1.2公里遠的岩礁上。

中發放耀眼的光芒,照耀整個亞歷山卓港,保護著海上的船隻,是當時世上最高的建築物。亞歷山卓城是埃及僅次於開羅的第二大城,也是埃及第一大港。這座港埠是馬其頓的亞歷山大大帝於西元前332年征服埃及時,下令建築師狄諾科克拉底規劃尼羅河下游三角洲地帶,包括北起瓦洛斯島,南止瑪里特湖的廣大地區。

亞歷山大大帝死後,其將領托勒密稱霸埃及,並建都於亞歷山卓,使得亞歷山卓成為埃及的經濟中心,再加上它地處亞洲、非洲及歐洲的接合位置,自然成為海上交通的樞紐。有鑑於亞歷山卓港的危險海道,托勒密下令建築師在亞力山卓港的東端興建燈塔,用來照耀船隻的往來。當在建造燈塔的時候,人們都說:「我們以它為傲,以其充滿財富智慧與學識為傲,這座燈塔將為上古世界放射新光芒」。歐洲人因見亞歷山卓大燈塔的宏偉,以希臘神話的英雄「法羅斯」來稱呼它。

燃燒戰艦的傳說

法羅斯燈塔由白色石頭建成,大部分可能都是當地的石灰岩,而非一般所認為的大理石。在適當的地方也可能使用花崗岩,因為它比石灰岩堅硬,而且可以承受塔樓底部和門道上方的巨大重量。

法羅斯燈塔共分三層,第一層為正方形的四角柱,高56公尺,四角準確地朝著東南西北,每角分別豎立著屈東(Triton)像。第二層為八角形,高18公尺。第三層則是圓椎形,高7公尺,最上面為圓錐形屋頂,矗立著海神波賽冬(Poseidon)的雕像。最令人嘆為觀止的是燈塔的高度,傳說整座燈塔有140公尺高(大約是一棟四十層高的建築物)。燈塔燃燒柴油,將光線集中於後方青銅製

十六世紀畫家筆下的法羅斯燈塔想像圖

考古學家赫爾曼筆下的法羅斯燈塔

十四世紀阿拉伯書內描繪的法羅斯燈塔

十八世紀時的法羅斯燈塔想像畫

的反射鏡，以360度旋轉反射出去照耀大海，據說其亮度可照耀到56公里外，海上的人憑著光線，以便確認亞力山卓的位置。傳說這面神奇的魔鏡可以讓光線聚焦，使敵艦起火燃燒，但一切應是子虛烏有。

除此以外，它更具有防衛及偵察的功能。塔內設有三百多間房間，可以駐紮相當數量的軍隊，一旦有敵人自海上來襲，燈塔內的軍隊便可在短時間內出海迎擊，避免城中的建設毀於戰火。值得一提的是，燈塔儘管有140公尺高，卻沒有階梯，燃油及補給品是依靠騾子沿著螺旋狀斜坡載運上去的。

燈塔的毀滅

然而，在西元850年左右，君士坦丁堡的羅馬帝國和回教徒發生戰爭，燈塔給予回教軍莫大幫助，因此羅馬派出間諜往支配亞歷山卓港的回教主阿爾華特的宮裏散佈謠言，指說燈塔下有大量寶藏，令人們爭相毀壞燈塔尋寶。雖然回教徒曾嘗試修理，但因弄壞了燈塔內的青銅反射鏡而作罷，只把它充當為回教清真寺。隨著遷都開羅（Cairo），由於經濟地位的轉移，法羅斯燈塔一直孤獨地站在原地。西元1375年的一場大地震更成為它的致命傷，成為金字塔外，最後一個消失於世上的奇觀。

自此以後，人們只知有法羅斯燈塔，卻不知它座落何地，也不知它的形狀如何。法羅斯燈塔在1479年被奎貝堡所取代。奎貝堡現今便矗立在法羅斯燈塔地基上，但其高度只有燈塔的五分之一，而其四周所見的，盡是用上古石塊堆砌的中古城牆。

夜晚的金字塔更增添神祕的氣息

未解的建造之謎

埃及金字塔

金字塔與人面獅身像

　　埃及金字塔最早建於西元前27世紀埃及第三王朝之時，在眾多的金字塔中，以吉薩金字塔最為聞名。吉薩金字塔包括三座金字塔，而且以第四王朝法老王庫孚金字塔的規模最為壯麗，另外兩座則是哈夫拉（庫孚之子）金字塔和孟考拉金字塔。

　　庫孚金字塔大約建造於西元前2700多年，塔高146.5公尺，相當於一座40層高的摩天大廈。塔基是正方形，每邊長230.6公尺，佔地約5萬2千900平方公尺。庫孚金字塔

非洲金字塔主要集中在埃及尼羅河下游兩岸的吉薩及其以南的廣大地區，總共約有七十多座。

埃及的金字塔是世界最著名的景點之一

由大約230萬塊大小不等的石塊砌成。庫孚金字塔聳立在開羅以西40公里以外的吉薩高原。那裡的碎石裸露，是一片不毛之地。在那種地方修築一座不具實用目的的建築，不禁讓人懷疑設計者的目的究竟為何。

而比庫孚金字塔低3公尺的第二大金字塔——哈夫拉金字塔，塔旁還佇立著一尊巨大的石雕——人面獅身像。據說西元前2610年，法老王哈夫拉巡視自己即將完工的陵墓時，發現採石場旁還有一塊棄置的巨石，就命人按照他的臉形雕成這座人面獅身像。

金字塔之謎

據估計，參與金字塔的建築工程需要約5千萬人口的國力，而一般認為，西元前3000年時應沒有那麼多人口的存在，更何況至今已發現的金字塔有80座之多。而且在當時，眾多的勞動力必須花在農耕上，以維持足夠的糧食來源。照這樣看來，埃及是如何能承受這樣的

國力損耗？

　　另外還有兩點疑問，為了確保金字塔永久保存，所以沒有使用木釘之類加以固定，但我們卻發現在金字塔石塊與石塊之間並無任何黏接物存在。那麼，金字塔是如何拼在一起而無崩塌的顧慮呢？而且這些巨大的石塊是如何堆疊的呢？更奇怪的是，這樣巨大的石塊是如何運往偏遠的荒地建造的呢？

　　一般科學家認為，古埃及人利用巨木當滑輪載運巨石，這種最原始的方式，雖然可以將巨石運往遠處，但由於

金字塔象徵古埃及的豐沛國力

吉薩三座金字塔

金字塔的謎題至今未解

金字塔的方位正好是子午線的中間

尼羅河流域的樹木稀少，所以這些巨木又來自於何處呢？

　　一連串的疑問至今仍無法解釋，然而，金字塔本身所涵蓋的科技知識又是另一項偉大的成就。金字塔的長度單位是根據地球旋轉軸的一半長度而確定，而金字塔更同時確定了一寸的長度。金字塔的重量單位或容量單位是由長度單位與地球密度組合而成的，而金字塔的熱量單位是整個地球表面的平均溫度。時間的單位與一週七天的分法也在其中得到表現。另外，在金字塔內，陳放法老王棺木的墓室，其尺寸為2：5：8和3：4：5，這個數字正好是座標三角形的公式。

　　然而，這一切都是巧合嗎？還有一件更巧合的事！子午線正好從金字塔中心穿過，也就是說它位於子午線的中間。這是否意味著當初設計者早已明瞭金字塔就會建築在子午線通過的地方？一切就是那麼湊巧，巧合得讓人覺得奇特卻又無法解釋箇中道理。

人面獅身像是按照法老王的臉做成

萬里長城興建的目的是為了防衛北方的遊牧民族侵略

世界最偉大的建築工程

萬里長城

中國北方的一條長龍

　　長城像一條長龍，由西向東，跨越沙漠，穿過草原，翻山越嶺，最後奔向渤海。它的氣勢雄偉，工程艱難，是世界上罕見的著名工程。長城並非僅僅萬里，根據歷史記載，有二十多個朝代和諸侯國修築過長城，其中秦、漢、明三個朝代所修築的長城長度都超過五千公里。若把各朝代所修築的長城合計，大約有五萬公里。

　　長城的修築從春秋戰國時代（西元前七世紀）開始，當時的戰國七雄為了要互相防禦，便著手修築高大的城牆。因為這種城牆與一般城市的城牆不同，並非封閉式建築，所以被稱之為長城。從防禦建築工程

萬里長城位於中國，其西至甘肅嘉峪關，東至遼寧鴨綠江口，全長6300多公里，為明朝之修築。

萬里長城是現今世界最偉大的建築工程

的發展過程來研究，長城是由連續排列的小城和烽火台等建築所構成。在西元前七世紀時，位於南邊的楚國最早修築數百公里長的高大城牆；當時稱為「方城」。

之後，齊、魏、韓、趙、燕、秦等較強大的諸侯國也紛紛的在自己的邊境上修築長城。到了西元前四世紀，燕、趙、秦等諸侯國和北方游牧民族如東胡、匈奴比鄰，經常受到擄掠，人民備受威脅。這三國又在北方修築長城，被稱為「拒胡長城」，這是後來秦始皇修築長城的基礎。而此時的長城規模都不

大，而且互不連貫。

西元前221年，秦始皇兼併六國，建立中央集權的封建國家，中國出現統一的局面。同年，秦始皇派蒙恬率領大軍北擊匈奴，並大規模的修築長城，將燕、趙、秦三國所修築過的北方長城銜接起來，再加以延長擴充。這道連結起來的長城，西起臨洮，東至遼東，蜿蜒五千多公里。

後來的西漢、東漢、北魏、北齊、北周、隋、遼、金、明等，都對長城進行過大規模的修築或增建。其中以漢朝和明朝的規模最大，漢朝長城、亭障的

八達嶺長城是萬里長城最有名的一段

長度超過一萬多公里，往西一直延伸到鹽澤（即今羅布泊）。明朝是修築長城的最後朝代，也是長城防禦工程技術發展的最高階段。在東部重要地段採用整齊的條石和磚包砌成的結構，使得長城更為堅固。明朝的長城東起鴨綠江，西至祁連山，全長六千三百多公里，其中以山海關到居庸關這段修築的更是高大堅固。

清朝採用懷柔政策籠絡蒙古王公貴族，代替修築浩大的長城。雖然清朝也在東北修過所謂的柳條邊，在個別地區修築一些古長城來鎮壓人民的反抗，但是已經失去長城原來抵禦外侮的作用。

穩定統治的產物

如果以現代戰爭的眼光來看，城牆是起不了多大的作用，但使用刀槍、弓箭等為主要作戰武器的古代，地位就完全不同了。城堅牆高，的確能達到據牆固守的作用。尤其是對付飄忽不定的游動騎兵，這道堅固的防禦工事是非常必要的。經歷兩千多年來不斷的修築，萬里長城早已不是孤立的一道城牆或互不相關的一些城堡、烽火建築。從中央政權通過各級軍事、行政機構，連繫最基

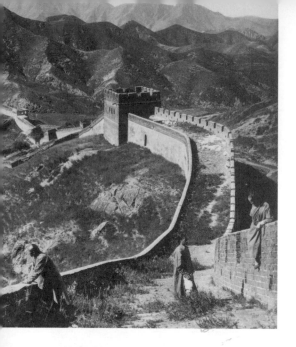

1907年時的長城照片

層的軍事單位及守城戍卒，形成一套完整的防禦體系。

　　回顧歷史，修築長城的民族不僅有漢族，其他民族也參與過修築工作。自秦始皇以後，漢族修築長城的有漢、隋、明三個朝代，其他民族則有北魏、北齊、北周、遼、金等五個朝代，連橫掃歐亞兩洲的元朝也曾經修繕過。因此長城主要是中國各民族為鞏固國防、穩定統治的產物。長城除了曾經發揮防禦的功能之外，在發展中國北方地區的經濟文化，保障中西交通等方面也有過相當的歷史作用。

　　今之長城，依舊屹立不搖的矗立著，成為現今世界最偉大的建築工程。在其修築的過程當中，所運用的人力與物力是現今無法想像，所以對於當時國家的財政有一定的影響力。當然，也有部分傳說為長城添加一些濃厚的悲情，例如「萬里尋夫孟姜女」、「王小廟」等。

　　據說當年修築萬里長城時，甚至連稚齡兒童都不放過。曾經有個小孩，才十二歲，名叫「王小」，但力氣卻很大，他一個人一次可以扛八塊磚。由於日積月累的勞累，加上用力過度，遂累死在長城下，當地人就建一座廟來紀念他。今天在中國河北省便有一座「王小廟」，就是當年王小累死的地點，而這座小廟用的建材，曾是秦朝的古磚。

　　然而，在歲月的洗禮之下，這些傳說也僅僅為長城添上幾筆悲壯之色，讓人駐足緬懷過往。從長城俯瞰大地，如此壯觀，也不枉那些為長城貢獻一生的人們。

冬天的萬里長城

現在的萬里長城已成為中國最著名的景點

雲岡石窟第19、20窟。（Zhangzhugang攝）

中國佛窟

集建築、繪畫、雕刻於一體

　　所謂佛窟，就是開鑿在河畔山崖間的佛教寺院。它的宗教功能和我們常見的地面上的一般佛寺是完全相同的。在山崖間開鑿洞窟，然後在洞窟內製作出信眾們所崇拜的偶像，這是從古印度起源的。中國的佛教（大乘佛教）是從印度傳入的，隨之而來的還有佛教的藝術形式，而石窟就是集建築、繪畫、雕刻於一體的佛教藝術，是為宣傳特定時代的宗教思想。

　　中國古代的佛教石窟若要論其地理位置與歷史意義的重要性，以河南洛陽的龍門石窟、山西大同的雲

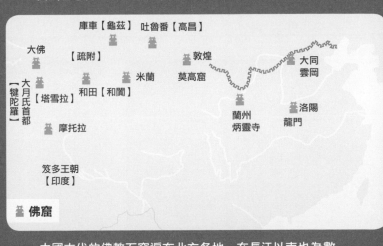

庫車【龜茲】　吐魯番【高昌】

大佛　　　【疏附】　　　　　　敦煌　　　　　大同
　　　　　　　　　　　　　　　　　　　　　　雲岡
大月氏首都　　　米蘭　莫高窟
【犍陀羅】　和田【和闐】
　塔雪拉
　　　　　　　　　　　　　　　　　洛陽
　摩托拉　　　　　　　　　蘭州　　龍門
　　　　　　　　　　　　　炳靈寺

笈多王朝
【印度】

佛窟

中國古代的佛教石窟遍布北方各地，在長江以南也為數不少，其中最為著名的是敦煌、雲岡、龍門三大石窟。

岡石窟及甘肅敦煌的莫高窟最具代表性。

龍門石窟

龍門石窟，位於河南省洛陽市南十三公里的伊水兩岸，這裡的山水秀麗，景色宜人，是人們禮佛、觀光的勝地。此處早在春秋戰國時代就被稱作「伊闕」、「闕塞」，它是一個形象化的稱謂，因為有伊水北流，兩岸的山崖高高聳立著，就像天然的門闕一樣。據《左傳》昭公二十六年記載：「晉如躒、趙鞅帥師納王，使女寬守闕塞」。杜解，「闕塞，洛陽西南伊闕口也」。這種名稱一直被延用至南北朝末期。而「龍門」稱謂的最早出現，大概開始於隋煬帝時期。

太和十八年（西元494年），雄才大略的北魏孝文帝，為了更有效地控制北方地區，緩和鮮卑族與漢族之間的衝突，毅然決定把首都從平城（今山西省大同市）遷到了洛陽，同時還實施了一系列的漢化改革。

孝文帝和他的文武大臣們很崇信佛教，他們選擇了龍門山作為開窟造像的佛教勝地。從此以後，龍門山經歷北齊、隋、唐、宋等朝代的不斷開鑿，共造就了兩千多處洞窟與佛龕，大大小小的佛教人物雕像共有十萬多尊，還有兩千八百多塊的碑刻作品，是中國祖先們留給全人類一筆寶貴而豐厚的文化遺產。

龍門石窟中的北魏窟龕造像約占總數的三分之一，多集中開鑿於北魏遷都洛陽以後的孝文、宣武、孝明帝期間，其主要是因為這段時期中國北方的相對穩定和統治階級對佛教的提倡密切相關。

龍門石窟的奉先寺大佛

洛陽的龍門石窟是最著名的佛窟

雲岡石窟

北魏宣武帝（499～515年）時大興佛教，有不少外國僧人來到洛陽，元恪為他們建立了永明寺，有房舍一千餘間，共住外國沙門千餘人。他還組織譯場，翻譯佛典。據史書記載，北魏景明（500～503年）初，宣武帝下令仿照代京靈岩寺石窟（即雲岡石窟），於龍門山為孝文帝和文昭皇太后營建石窟各一所。

永平年間（508～512年）中尹劉騰又為宣武帝本人造石窟一所，這三所石窟即現今的賓陽三洞。由此，在龍門石窟的開鑿史上，掀起了第一個高潮。北魏晚期階段內開鑿的石窟主要有：古陽洞、賓陽三洞、蓮花洞、火燒洞、皇甫公窟、藥方洞、魏字洞、唐字洞、趙客師洞、普泰洞、慈香窟、鹿洞等。

敦煌莫高窟

敦煌莫高窟是甘肅省敦煌市境內的莫高窟、西千佛洞的總稱。

隋唐時代是中國佛教的集大成時期。佛教學風在「破斥南北、禪義均弘」形勢下，南北佛教徒們不斷地交流和相互影響，完成了對以前各種佛教學說的概括和總結，為創立中國化的佛教作好暖身準備，也使得佛教造像藝

雲岡石窟多為北魏時期開鑿

術充滿清新與活力。隋朝雖然立國短促（581～618年），但由於統治者對佛教的積極推動，在中國保存了許多隋代的佛教遺蹟。其中以敦煌莫高窟的隋朝洞窟最為豐富輝煌，但在龍門石窟內的似像雕刻，至今所能確立為隋代雕刻作品的，卻是屈指可數。

入唐以後，統治者們很重視對佛教的整頓與利用，使佛教愈加從屬於政治，並與中國儒家思想相結合。唐太宗貞觀十九年（645年），玄奘大師從印度求法歸來，朝廷特為他組織了大規模的譯場，他以深厚的佛學修養，對帶回

敦煌莫高窟壁畫，此圖為張騫通西域圖

的梵文佛典作了精確的譯傳，對當時佛教界產生極大影響。在唐高宗與武則天時期，佛教發展達到空前，龍門眾多的唐代窟龕，絕大部分開鑿於這段時間，如規模宏大的奉先寺大盧舍那像龕，就是專門為唐高宗與武則天造功德的皇家石窟工程。

另外，沙漠中的藝術寶庫——敦煌莫高窟，是每個來絲路旅行的人，都不可不到這裡朝聖一下的藝術聖地。莫高窟始建於東晉太和元年（366年），傳說當時樂尊和尚行經此地時見到金光閃耀，似有千佛顯現，於是在這裡開鑿了第一個洞窟。自此之後，千年來有無數來往西域的人捐造佛窟，祈求平安。

莫高窟的藝術特點主要表現在建築、塑像和壁畫三者的結合上，反映了北魏、隋、唐等十多個朝代的藝術風格。題材多取自佛教故事，也有反映當時的民俗、耕織、狩獵、婚喪、節日歡樂等的壁畫。這些壁畫彩塑技藝精湛無雙，被公認為是「人類文明的曙光」。

在敦煌藏經洞中就出土了經卷、文書、織繡、畫像等五萬多件藝術品，可惜這些寶藏幾乎都被盜往國外。現在在莫高窟對面的三危山下，建有敦煌藝術陳列中心，仿製部分的原洞窟，既保護了洞內的文物，又豐富了參觀內容。

現存的洞窟有七百餘個，已經整理、編號的有492個，時代從早期的十六國、北魏、西魏、北周，中期的隋、唐，到晚期的五代、宋、回紇、西夏、元，清及民國也有重修工作進行。造像及繪畫藝術在唐代達到高峰，然後在唐代晚期因動亂而走下坡。

中國佛窟這樣的佛教文化，對中國帶來更深一層的影響。不僅影響市井小民，亦影響到一國之君的治國理念及思維模式。雖然曾經有所謂的三武之禍，卻未曾撼動佛教在中國的影響力，直至後來，基督教仍無法深刻融入中國社會，便是由於佛教在中國人的心裡根深蒂固的緣故。從各個朝代對於佛窟的修建，便可得知當時人們的審美觀與對佛教的推崇。然而，在經歷過文化大革命後，有許多佛窟遭受毀損，實為一大憾事。

敦煌莫高窟的佛教人物畫像

龍門石窟的雕像

兵馬俑以其大、多、精、美征服了現代人

震撼世界的陵墓護衛

兵馬俑

一枝獨秀的雕術奇蹟

　　1974年3月29日，陝西省臨潼縣的村民在鑿井的過程中，無意發現了極具歷史價值的兵馬俑，在考古隊的探勘和整理下，陸續挖出四座兵馬俑的遺跡，佈置在兩萬平方公尺的大地上，顯現出當時秦國軍隊兵強馬壯的宏偉場面。

　　在此先行說明兵馬俑的由來及其質地。俑是古代

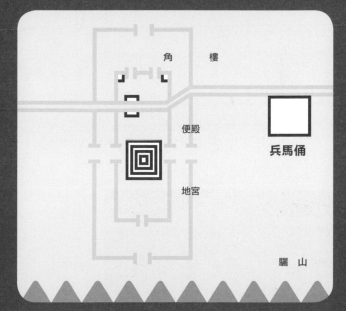

秦始皇陵位於驪山之麓，即今日之陝西臨潼縣。兵馬俑為秦始皇陵的陪葬坑，位於秦始皇陵東側約一公里半處。

用於陪葬的偶人，是用泥土、木或銅等作成的物件。俑的質地以木質、陶質最常見，也有瓷、石或金屬製品。俑的形象，主要有奴僕、舞樂、士兵、儀仗等，並常附有鞍馬、牛車、庖廚用具和家畜等模型，還有鎮墓魘勝的神物。俑大多真實地類比當時的各種人物，可以考見當時社會的生活習俗，也是研究各代輿服制度的重要資料。另外，俑還可以反映出各個時代雕塑藝術的水準。

兵馬俑以它的「大、多、精、美」征服了現代人。

秦俑大，首先是場面大，兵馬俑坑佈置在近兩萬平方公尺的大地上，再現秦國軍隊兵強馬壯的宏偉場面，如此巨大而又圍繞一個主題展現的藝術群雕，在世界上也是絕無僅有的。其次是形體高大，陶俑平均身高1.8公尺，陶馬身高1.7公尺，身長2公尺，在世界上還沒有發現比秦俑更為高大的陶俑。

秦俑多，是指數量多，就之前所挖掘的三個坑出土近八千件陶俑、陶馬，

這在世界雕塑史上可謂一枝獨秀。

秦俑精，是指對每件陶俑大到身體結構，小到頭髮、眉毛，都精雕細刻、一絲不苟。

秦俑美，是指這些不同的陶俑中有高大魁梧、氣宇不凡的將軍，有威武剛毅、身經百戰的武官，更有神情各異、生動傳神的士兵，可謂千人千面互不雷同，喜怒哀樂各有其情，完全是當時秦軍將士的真實寫照。

兵馬俑坑的形制

兵馬俑是秦始皇陵範圍內最早透過科學方式發掘的陪葬坑，至今發掘工作仍在繼續，其形制已相當明瞭，對其內涵的認識也形成了一些有代表性的意見，而兵馬俑坑也是迄今發現的秦始皇陵中規模最大的一組陪葬坑。在形制和構築方式上可以作為研究秦始皇陵陪葬坑的典範。其他的陪葬坑見諸資料的還有馬廄坑、珍禽異獸坑、曲尺形陪葬坑、雙門道形馬廄坑、跽坐俑坑、銅車馬坑、封土東北側陪葬坑，其中曲尺形陪葬坑、封土東北側的陪葬坑的內涵和形制尚不明確。

兵馬俑坑經過長期的發掘，其平面

兵馬俑所在的秦始皇陵為中國第一個規模完整、布局宏大的陵墓

68

兵馬俑第一坑

最大的兵馬俑坑

形制、內部結構、陪葬內涵、文化性質等都比較明確。目前挖掘出的有四個坑。

一號坑為一長方形的大型地下坑道式建築，長230公尺，寬62公尺，每邊各有五個斜坡門道，以東西兩端的門道為主門道。一號坑由10個隔牆將內部空間分隔為11個相對獨立的過洞。一號坑規模最大，內有六千多件形同真人馬一般大小的兵馬俑和七千多件戰車、銅等飾品。

二號坑平面為曲尺形，長96公尺，寬84公尺，其內涵也是軍事內容。二號坑的基本結構與一號坑相同，都是由過洞和隔牆組成，但是在二號坑卻表現出單元的組合。這種單元結構的不同，一方面表現出內涵的差異，另一方面表現在建築結構的不同。

三號坑的規模較小，東西長17.6公尺，南北寬21.4公尺，是由南北兩廂房和一個開間構成的中小型的地下坑道式建築。

四號坑仍為長方形，介於二、三號坑之間，是唯一沒建成的坑。

未完成的始皇帝陵墓

在中國歷史上，由於濃厚的封建迷信思想，以及奉行「事死如事生」的禮制，所以幾乎歷代封建帝王都十分重視修建陵墓，就連秦始皇也不例外。秦始皇從十三歲繼位後，就開始在驪山之麓為自己修建陵墓。中國統一後，營建工程得以大規模進行。為修築陵墓所徵調的役夫奴隸多達七十餘萬人，前後經營三十九年（西元前246年～前208年）之久，直到秦始皇死時，陵墓工程仍未完全完成。

史學家司馬遷在《史記·秦始皇本紀》中對秦始皇陵的修建及陵墓內部結構情況有一段生動的描述：「始皇初即位，穿治驪山，及並天下，天下徒送詣七十餘萬人，穿三泉水，下銅而致槨，宮觀百官奇器珍怪徙藏滿之，令匠作機弩矢，有所穿近著輒射之。以水銀為百

川江河大海，機相灌輸。上具天文，下具地理。以人魚為燭，度不滅之者久之。」

秦始皇陵園工程從選址設計、施工營造到最後被迫中止。整個陵園工程的修建，前後可分為三個階段：

1.從秦王繼位（西元前246年）開始到統一全國（西元前221年）。在這二十六年時間內先後展開了陵園工程的設計和主體工程的施工，初步奠定了陵園工程的規模和基本格局。

2.從統一全國（西元前221年）到秦始皇三十七年（西元前210年）病死葬於驪山，這九年為陵園工程的大規模修建時期，此時秦始皇已登上皇帝寶座。秦始皇為了要維護皇帝的威嚴，把死後的世界裝扮得和生前一樣，所以進行了大規模的修建。經過數十萬人的修建，基本完成了陵園的主體工程。

3.從秦始皇三十七年（西元前210年）秦到二世二年（西元前208年）冬。這三年是工程的最後階段。這一階段主要從事陵園的收尾工程與覆土任務。秦始皇死後，秦二世繼續營建，但由於陳勝所屬的軍隊已進至戲水附近（今臨潼區東），二世便把修陵的幾十萬刑徒臨時武裝起來，和陳勝的軍隊作戰。至此還沒有完全竣工的陵園工程才被迫中止。

自秦兵馬俑出土以來，考古學者已對秦始皇陵內外進行過相當多的探勘，基本探明了秦始皇陵的大概情形。

陵墓如同大城

秦始皇陵園又名驪山園，南高北低，落差85公尺，是一座南北大於東西的長方形陵園。陵園的城垣由內外兩重構成，兩座城垣相互套合，呈南北長東西窄的「回」字形，城牆總長約12公里，與西安的明代城牆長度相近。秦始皇陵就像是一座建築宏偉的大型都城，總面積約2.13平方公里。整個陵園分為四個層次，以地下宮城（地宮）為核心位置，其他依次為內城、外城和外城以外，主次分明。

目前考古人員已經了解，位於內城南半部封土之下的核心「地宮」，相當於秦始皇生前的「宮城」，史記記載其「以水銀為百川江河大海，機相灌輸」，雖然這項記載至今未能獲得證實，但是地宮之上確實存在超出正常值數倍的強汞異常區，專家估計，陵墓內所藏水銀料約有100噸。

至於內城垣內，其地面地下設施最多。南半部有地下宮城、寢殿及車馬儀仗、倉儲等眾多陪葬坑，北半部西區是

便殿附屬建築區，東區是後宮人員陪葬墓區。這種佈局清晰顯現出內城南部為重點區，北部為附屬區，而南北兩部設施的內涵，均屬於宮廷的範圍。

再來就是外城，即內外城垣之間的外廓城部分。根據考古資料顯示，外城西區的地面和地下設施最為密集。由南向北依次分布：曲尺形大型馬廄坑、31座珍禽異獸坑、48座後宮人員的陪葬墓、三組四合院式的園寺吏舍建築基址。東區的南部有一大型陪葬坑，試掘方內出土了大批石鎧甲及少數車馬器，而「百戲俑」坑則在其南側不遠處。在外城南、北兩區目前尚未發現遺跡、遺物。這種佈局說明外廓城的西區是重點區，其內涵為象徵京城內的廄苑、囿苑及園寺吏舍。與內城相比，外城顯然居於附屬地位。

最後是外城垣之外的地區，其東邊除了眾所周知的秦兵馬俑坑外，還有98座小型馬廄坑及眾多陪葬墓；在西邊則有三處修陵人員的墓地、磚瓦窯址和打石場等；其北邊發現藏有禽獸肢體及鱉的倉儲坑、陵園督造人員的官署及酈邑建築遺址；其南邊靠近驪山則有一道寬約40公尺的防洪堤。

墓室按照「天圓地方」的構想設計，頂部呈半球形，仿照上天蒼穹繪製

牽著馬的兵馬俑士兵

成天文星象圖，底部則呈方形，佈置秦朝疆域的地理模型，包括了五岳、九州和四十八郡。秦始皇靈柩坐擁其中，並以水銀象徵百川、江河、大海，再由機械裝置推動，表現江河循環往復、生生不息。目前專家已能描繪出秦始皇陵地下宮殿想像圖，地宮主體的「墓室」，是放置秦始皇棺木靈柩的地方，其形狀是口大底小的倒金字塔形，有六層階梯，面積達1萬9千200平方公尺，相當於48個標準籃球場的大小。

此外，為了防止造陵工匠泄露陵墓秘密，當初造陵的全部工匠都被關閉在墓道中，數以萬計的殉葬者成為秦始皇陵中的千古冤魂。

吳哥窟是著名的世界古蹟（Javier Gil攝）

被廢棄的古城
吳哥窟

廢棄的古城

　　吳哥窟於十二世紀歷經三十多年時間建成，佔地
1500～1300公尺，四周有城牆，牆外有護城河，其造
形設計、建築結構、幾何比例、石雕工藝皆達到登峰
造極，是世界級的偉大建築。

　　在1861年，法國的生物學家來到法國殖民地印
度支那半島（即今天的中南半島）的柬埔寨，本想來

　　　泰　國　　　　　　　　　　寮　國

　　● 吳哥

　　　　　柬　埔　寨

　　　　　　　● 金邊
　　　　　　　　　　　　　越　南

　暹邏灣　　　　　　　　　　南中國海

吳哥窟位於中南半島上的柬埔寨（以前稱為高棉）首都金
邊西北方兩百多公里處，與中國長城、埃及金字塔、印尼
婆羅浮屠並列為東方四大奇蹟。

此地尋找生物標本，然而卻在無意之間發現一座被廢棄的古城——吳哥窟（Angkor Wat）。

在西元12世紀，吉蔑人在叢林中興建吳哥城，十三世紀到達盛世的階段。吳哥窟是蘇利耶跋摩二世（Suryavarman II）於西元1112年建造，大約花了30多年的時間才建造完成。在十二世紀時，吳哥建築達到了藝術上的高潮。那時，蘇利耶跋摩二世建立了輝煌的高棉帝國，繁榮昌盛達600年之久。其興盛的狀況可經由中國元成宗元貞二年（1296年）商務使周達觀所寫的「真臘風土記」中大致瞭解當時吳哥城的狀況。由此書得知，當時的吳哥城不僅擁有財富，且是一個守秩序、懂法律的國家，人口更達到兩百萬左右。

然而到了1431年，暹羅人以七個月的時間攻陷吳哥城，搜刮大批財物之後便揚長而去。當暹羅人於次年再來到此處時，已變成一座死城。有傳言說，當時有傳染病席捲整個吳哥城，所以造成大規模的死亡，吳哥人因而遠走他鄉。還有傳言說，這是由於內戰因素，所以所有人都被殺光。更有人說，因為暹羅人攻佔吳哥城之後，順道將所有人都帶走了。林林總總的傳說在這座死城中縈繞著，然而，最有可能的原因應是由於吳哥窟的人口直線上升，造成糧食產量的不足。過度開墾農田的結果，土地養分缺乏，導致糧食作物不足，在不得已的情況之下，吳哥人選擇離開此地，另謀生計。

精美浮雕與寶塔

吳哥窟佔地東西長1040公尺，南北長820公尺，是一座雄偉莊嚴的城市。吳哥窟分為三層，大約有20層樓高。四座小寶塔分布在第二層的四角，象徵著神話中印度教和佛教教義中的宇宙中心和諸神之家。底層有565公尺的石道和1000平方公尺的精美浮雕長

亨利‧穆奧1859年時繪製的吳哥窟

鳥瞰吳哥窟地區（Charles J Sharp攝）

廊，題材為印度的兩大史詩「羅摩衍那」和「摩訶婆羅多」，以及蘇利耶跋摩二世的生平事蹟，第二層還有四個供國王沐浴的水池，而第三層為供國王朝拜之用。

吳哥窟的周圍有護城河環繞，護城河寬195公尺，長5.4公里。當時建造的吳哥窟，所有的牆壁全都刻有精美的浮雕，每個平台的周圍都有面向四方的長廊，連接著神殿、角塔和階梯。長廊的牆上也刻有描述古代印度神話故事的浮雕。吳哥窟不僅本身規模宏大無比，廟宇的外面還有一條將近10公尺寬的堤路，直達廟宇的大門，而堤路的兩邊也都豎立著巨大的那伽蛇神像。一般來說，世界各地所有的廟宇大門都是坐西向東，然而唯獨吳哥窟的大門朝西，這使研究古代高棉文化的考古學家百思不解。

城市有著幾百座寶塔，周圍更有寬達200公尺的灌溉溝渠。建築物上刻有

亨利‧穆奧筆下的吳哥窟廊門

許多仙女、大象以及其他浮雕，尤其以172人的「首級像」顯得更為雄偉。在這座古城中有著寺廟、宮殿、圖書館、浴場、紀念塔及迴廊，處處都顯示當時住在這個都市之中的，一定是擁有高度文明，以及高超建築藝術的民族。根據聯合國組織以衛星進行調查後發現，吳哥窟約有600處遺跡，號稱是世界最大的石殿。由於宗教與王權的結合，吳哥窟展現濃厚的宗教特色，藝術風格更受到印度教與佛教影響，又融入柬埔寨的民族風格。吳哥窟到處是菩薩頭像、女神及天女像，尤其是風神廟的巨型四面神像臉上都帶著淡淡的微笑，被稱為「吳哥的微笑」或「柬埔寨的微笑」。

現今的調查還發現，吳哥窟的範圍可能比現今認知的還大，因為在範圍之外的地方尚發現一些石碑建築，而這些石碑都相當的巨大，所以用人力應該不至於會運送到城市以外的地方。然而，林林總總的挖掘仍舊不斷的持續著，總有一天，隱沒在這片叢林的吳哥人消失之因終究會被世人所了解。

泰姬瑪哈陵是印度最著名的古蹟

美麗愛情下的產物

美麗愛情下的產物

泰姬瑪哈陵

永垂不朽的愛情陵墓

　　泰姬瑪哈陵（Taj Mahal）為印度最著名的古蹟建築，與中國萬里長城、埃及金字塔齊名，然而有別於其他建築的血腥暴力，泰姬瑪哈陵背後所蘊藏的卻是一段浪漫淒美的白色戀曲。

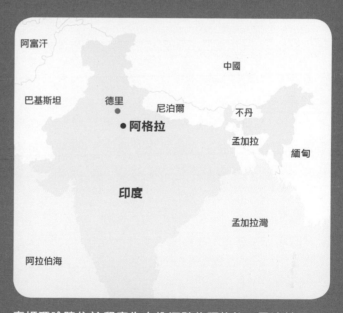

泰姬瑪哈陵位於印度朱木納河畔的阿格拉，是沙基罕王（Shah Jahan）為了紀念在1631年死去的王妃泰姬‧瑪哈（Mamtaz Mahal）所建。這座以白色大理石築成的陵墓整個工程在1631年開始，歷時22年才完成。白色的陵墓在不同角度的光線照射下，會暈染出各種色彩。

16世紀中葉至19世紀初，蒙兀兒（蒙古）帝國曾統治印度長達235年之久，前六世皇帝在位時期，國勢達到顛峰，成為當時世界上最富有、最強大的國家之一。第五世皇帝沙基罕好大喜功，為了擴張版圖，連年征戰，在位期間堪稱蒙兀兒帝國統治印度的黃金時期；但另一方面他卻又是個多情種子和極具建築藝術修養的人。許多著名的建築物——德里的紅堡和大清真寺等，皆出自其手筆，泰姬瑪哈陵更是集蒙兀兒帝國建築之大成。

沙基罕的皇后，是一位具有波斯血統的絕世美女，原名阿珠曼（Arjumand），19歲便嫁與沙基罕國王，賜封號「蒙泰姬‧瑪哈」，意即宮廷之寵。印度人把她稱為「泰姬‧瑪哈」或簡稱泰姬。兩人感情深厚、形影不離，在經過19年的幸福婚姻生活，泰姬最後卻因難產而死，年僅39歲。臨死前，泰姬向沙基罕提出兩項要求，一是要求沙基罕不再續弦；二是為她建造一座華麗的陵墓，讓她的名字得以流傳後世。

多情的沙基罕於翌年（1631年）著手興建皇后陵墓。聘請來自君士坦丁堡的圓頂建築師、巴格達的泥水師和書法家……等各種專家，共動用了2萬人，耗盡6500萬盧比，整棟建築採白色大理石建構，建築設計完美，主要特色即其平衡及對稱。純白色大理石砌成的陵墓，墓外四角各有一座高聳的白色大理石尖塔。而當時設計更考慮到，若地震後尖塔傾倒會壓垮陵墓，所以尖塔皆向外傾斜12度。

講求平衡與對稱

泰姬瑪哈陵的建築以平衡和對稱為主要概念，在回教裡，數字4代表神聖之意，所以可以在泰姬瑪哈陵看到4支尖塔、4座小圓塔和四角形的庭園。

陵墓的主體建築以白色的大理石為主，在八角形的側面分別鑲嵌上彩色的花紋，正門圍繞著可蘭經。陵墓內一樓擺放著沙基罕和愛妻的石棺，他們真正的棲身之處是石棺之下的地下室。主體建築兩側各有一個紅砂石岩的清真寺，這也再度突顯出泰姬瑪哈陵對稱的精神。

白色的陵墓配上前方的水池十分美麗，黃昏之際，水池內的倒影更讓泰姬瑪哈陵暈染出一種柔美的視覺感。尤其過了下午4點，泰姬瑪哈陵的大理石隨著陽光斜射的不同角度，還會呈現出不同的色澤。

泰姬瑪哈陵佔地範圍極廣，共有前

黃昏下的泰姬瑪哈陵

庭、正門、蒙兀兒花園、噴水池、水道、清真寺及陵墓本身。建築工時長達22年，最後於1652年完成了這棟曠世不朽的建築。

　　不過沙基罕為了修築泰姬瑪哈陵，幾乎使得國庫為之一空。後來沙基罕的兒子奧朗澤布（Aurangzeb）篡奪王位（1657年），軟禁其父於亞格拉堡中長達九年的歲月。傳說在被囚禁的歲月中，沙基罕每天只能隔河遠眺泰姬瑪哈陵一解相思之情。甚至在沙基罕彌留之

夜，也要從病榻上抬頭向泰姬瑪哈陵做最後一瞥，才溘然長逝。然而另有一種傳說，奧朗澤布不准沙基罕看泰姬瑪哈陵，將沙基罕囚禁到另一個房間，而沙基罕卻利用反射原理設計了一組鏡子來偷看泰姬瑪哈陵。奧朗澤布知道此事後，便命人刺瞎沙基罕的眼睛，那人不忍心，僅將他的眼皮縫合，使其不能視物；直至多年後，奧朗澤布才心軟叫人將線拆開，沙基罕方得以重見泰姬瑪哈陵。

泰姬瑪哈陵的側面照（Driftwithwind攝）

1666年，沙基罕在寂寞中黯然辭世，淒美的愛情故事也隨之落幕，而沙基罕為了表達他對妻子的愛情，傾一國之力所建造的愛情墳墓——泰姬瑪哈陵，卻至今永垂不朽！

阿格拉雖然擁有這麼多精采的時代背景與歷史遺跡，卻因為長久以來受到工業與空氣的污染，使大理石建築受到污染及侵蝕。為了避免大理石繼續受廢氣污染，所有旅客必須在一公里外以步行、搭乘驢子或馬車等無污染的交通工具進入。

這座象徵堅貞愛情的泰姬瑪哈陵，使得阿格拉成為印度重要觀光據點之一。動員2萬多名工人打造國王對王后的思念，留與後世的褒貶不一，但純白陵墓的建築特色仍然令觀賞者傾心。此外，當地其他見證蒙兀兒帝國時期的碉堡、紀念碑亦具相當觀光價值。一直到1857年後，印度淪為英國殖民地，阿格拉的政治重要性才逐漸消失。

1860年代時的泰姬瑪哈陵照片

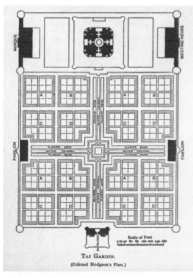

泰姬瑪哈陵的
空間配置圖

印尼婆羅浮屠是世界最大的佛寺

世界最大的佛教建築

印尼婆羅浮屠

消失千年才被發現的神祕建築

　　印尼爪哇島中央，四面環山的喀多盆地，風景如畫，素有「爪哇花園」之稱。數個世紀以來，這裡一直流傳著一個傳說：綿延不斷的椰林中，婆娑椰影的深處，掩埋著巨大的神祕建築。

　　位於印尼古都日惹郊外的婆羅浮屠，號稱為世界上最大的佛教遺跡，建於西元8世紀莎蘭達王朝時期。雖然婆羅浮屠是一座佛教建築，然而在佛教的發源地——印度，卻找不到相同的建築樣式。在這座充滿謎團的遺跡中，共有二千多幅浮雕，一萬多個人物，浮雕的任何局部刻劃皆栩栩如生，細膩而傳神，堪稱為雕刻藝術的上乘經典之作。

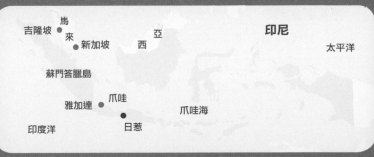

　　婆羅浮屠是壯觀的佛教聖地，它位於印尼爪哇島中部古都日惹郊外西北約40公里處，約建於西元9世紀，經歷約80多年才完成，是世界最大的佛教建築。

在光影交錯間，龐大而複雜的婆羅浮屠石雕群透出一種寧靜而神秘的感覺，令人為之神迷。熱帶密林中一片靜寂，偶有單調的蟲鳴聲，只有當風起時，才傳來椰葉沙沙作響的聲音。造型奇特的建築永遠沉默，只是地久天長地聳立著。在幢幢樹影中，透著幾分詭異而神秘的感覺。

1814年，一名英國行政官員拉福勒斯在公幹途中，聽到有關椰林中的秘密，遂使這些建築得以重見天日。在考古方面具備深厚修養的拉福勒斯要求荷蘭人克尼洛前往調查。克尼洛將大型建築物上方的密林全部砍除，掘出建築物的大部分，使被密林覆蓋了幾個世紀的婆羅浮屠終於掙脫林木蔓藤的糾纏，重現世人眼前。而克尼洛所寫的觀察報告——「婆羅浮屠遺跡記述」，成了目前婆羅浮屠最早的文字資料。

階梯型金字塔

婆羅浮屠約建於9世紀，估計經歷約80多年才完成，是世界最大的佛教建築之一。這座浮屠高42公尺、四邊長120公尺，像是埃及的階梯式金字塔，是由一片片安山岩堆砌而成，只有外觀而沒有內部空間。從高空鳥瞰，可以清楚見到婆羅浮屠的建築架構，其地面而上六層為方形台階，之後是三階圓形台階，頂端則是個大圓頂，整個建築物的形狀就好像埃及的階梯式金字塔。以婆羅浮屠的造型看來，它應該是一座大佛塔，由於其結構設計是對稱型的，而且沒有特定的「主佛」，以此推測，居民膜拜的對象應該是整個建築物。

塔內有許多雕刻與佛像，源自印度的佛教藝術風格，質量精美，引人入勝。從底層開始往上爬，首六層是方形台階，第一階台階後面，隱藏著160面浮雕。在第4層台階，四周環繞著2公尺寬的迴廊，這裡的最大特色是兩旁的壁上有緊密相連的浮雕嵌板，走在其中，就好像看電影一樣，見到一幕接一幕的佛教經典故事在此上映。再上

婆羅浮屠外觀看起來像階梯形的金字塔（Gunawan Kartapranata攝）

一層，又是另一番景象，只見這一層的壁面有432座佛龕，裡面都有座佛像。至於上面的三層圓形台階，以頂端的巨大吊鐘形佛塔為中心，上、中、下三層台階各有32、24及16座小佛塔，也就是說大佛塔四周環繞著三圈72座小佛塔。每座小佛塔裡都供奉著一尊佛像，此外，佛塔中也有許多鏤空的方格。吊鐘形大佛塔的中央是巨形圓頂，象徵至高無上的天。

大乘佛教將宇宙分為「慾界」、「色界」和「無色界」三界，婆羅浮屠也實現了這個教義，由佛像及佛典嵌板的配置，可看出基壇部分為「慾界」，地面以上至第六層是「色界」，最上面三層圓形台階則是「無色界」。總計婆羅浮屠共有504尊佛像，佛典浮雕嵌板多達1460面。

其中，最令人歎為觀止的是宏偉的規模與細膩的鏤雕，學者們對其藝術價值給予很高的評價。

婆羅浮屠與柬埔寨的吳哥窟同樣被列為東南亞珍貴歷史遺跡，備受考古學家的重視。它建於海拔270公尺的山丘上，距離普羅可河及艾羅河的交匯點不遠。印度人把恆河和佳木納河的匯流處視為聖地。因此人們相信，當年東移爪哇島的印度移民，會選擇這個地方也是基於二河相會的因素。此外，人們也相信當地豐富的石材以及勞動力更扮演著一定的重要性。婆羅浮屠的發現，使得印尼的光采倍增，不再被譏為文化沙

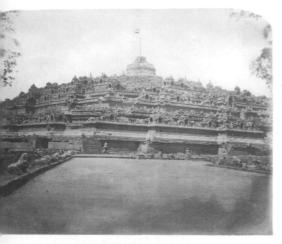

1873年拍攝的婆羅浮屠照片

婆羅浮屠的佛像（Nappio攝）

漠。

婆羅浮屠之謎

不過，這個珍貴的歷史遺產卻留下一大堆謎團給後人：它是何時建造的？是何人所建？為何要建？如何建成？由於史料實在貧乏，即使學者們日以繼夜地埋首研究，所得的成果依然有限。畫家們依據現有的研究資料，描繪當時人們製造浮屠浮雕嵌板的過程。人們的其中一個疑問是：「在10世紀初，婆羅浮屠所在曾是爪哇島最繁華的聖地，然而為什麼在極短的時間內自歷史上消失，並在之後數百年間完全湮沒無聞？」

專家學者們各持己見，概括起來主要有幾種說法：瘟疫、外族侵略、內戰、颱風肆虐及火山爆發。近來，學者陸續在盆地地面下數公尺的火山灰積層中，挖掘出許多昔日寺院的遺跡和雕像，推測火山爆發的說法可信度較高。專家認為，美拉比火山於10世紀末葉那一次大規模的爆發，噴出大量的熔岩及火山灰，因而把部分婆羅浮屠建築掩埋。

不過，考古學家迄今仍未能就古爪哇時期的宗教信仰和歷史背景理出一個頭緒。只知當地在7世紀後半葉至10世

紀初，存在著兩個政權，一個是信奉印度教的馬塔勒姆王朝，另一個是信仰大乘佛教的夏倫得王朝，至於這兩個政權間的關係，還處於撲朔迷離的階段。

由婆羅浮屠肅穆莊嚴的建築結構來看，應該是屬於大乘佛教的產物，即為夏倫得王朝所建。只是，有關於這個王朝的資料，我們至今所知道的太少，甚至連它的起源及滅亡都還是個謎，更不用說是進行這項大工程的目的。當然，宗教的因素毋庸置疑，不過，是否還有其他的用意和目的呢？目前仍是屬於未知的階段。

即使密林已經被清理乾淨、即使陽光再耀眼刺目，在婆羅浮屠巨大複雜的石雕森林中，在光與影的交織中，我們依然感受到，空氣中瀰漫著一股濃濃的、神秘的味道。

當婆羅浮屠從密林中被發掘後，人們開始對它產生興趣，並展開一些調查、研究及保存工作。之後，印尼政權由英國人交到荷蘭人手中。荷蘭人對於古蹟也非常重視，在1907至1911年的4年間，曾動用國庫對婆羅浮屠進行修復工作。但是，當印尼自己當家作主之後，情況卻有了改變。

由於印尼是回教國家，婆羅浮屠失去佛教信仰的功能，所以人們對這個佛教遺蹟並不感興趣。再者，當地人對祖先昔日光榮的文化遺產所知有限，未能產生感情。婆羅浮屠曾一度被忽略，甚至瀕臨被摧毀的命運。幸好在1967年，聯合國教文組織採取積極的行動保護婆羅浮屠，才使它得以保存至今。婆羅浮屠雖失去佛教信仰功能，卻發展成觀光聖地，當地的佛教聖地及佛教弘化史已被遺忘，現今只有少數學者在研究。但其種種神祕謎團和高超的藝術價值，已深深吸引人們，也使人們見證了佛教文化的博大精深。如今，婆羅浮屠已被鑑定為「人類文化遺產」，吸引了世界各地的觀光客，特別是佛教朝聖者。其珍貴的身分也令人對它另眼相看，而受到無微不至的呵護。

婆羅浮屠的浮雕（Gisling攝）

喜馬拉雅山脈的安納普那山

世界的屋脊
喜馬拉雅山

曾為海洋的前世

　　喜馬拉雅山脈中有多座類似聖母峰般海拔超過8000公尺的高峰，然而這些高聳的地形是如何形成的呢？許多人都充滿著好奇。事實上，喜馬拉雅山脈的形成過程可說是與板塊碰撞息息相關。

　　喜馬拉雅山的形成乃是印度板塊向北移動，並與歐亞大陸板塊碰撞的結果。由於兩個板塊相互碰撞的

喜馬拉雅山脈（古梵文之意為「雪的住所」）佇立在印度河、恆河、雅魯藏布江等沖積平原上，綿延1500英里，形成一個大弧形，隔開印度與青藏高原。西藏佛教徒稱喜馬拉雅山最高的山峰為「珠穆朗瑪峰」，意即世界的聖母，故又稱為「聖母峰」。

喜馬拉雅山上空的星跡圖

過程中，在接觸地帶產生巨大壓力，迫使岩層發生擠壓、變形，岩石產生變質，地形也不斷往上抬升。鸚鵡螺、海百合、珊瑚、貝類等海洋生物化石因而在數千公尺高的山脈中出現，科學家甚至曾經在山頂上的黃色帶狀石灰岩層發現海洋生物化石。這些證據告訴我們，山脈所在的地層原本是在海底。喜馬拉雅山脈的前世，曾經也是一片汪洋大海。

在上新世時期，青藏高原地區的平均海拔只有幾百公尺左右，科學家們在海拔8012公尺的希夏邦馬峰北側的吉隆盆地內海拔4000餘公尺的巨厚河湖相堆積中，找到了生活在距今1000萬到300萬年前的三趾馬動物群化石。

三趾馬是現代馬的祖先，其個體較小，蹄有三趾。在上新世時期，牠生活在地勢低平的熱帶、亞熱帶森林草原和稀樹草原上。其分布極為廣泛，在歐亞大陸、北美及非洲都曾有過牠的足跡，算是上新世動物的典型。和三趾馬共生

由青藏高原望去
的喜馬拉雅山

的動物有犀牛、長頸鹿、羚羊、竹鼠等，總稱三趾馬動物群。

在中國華北、西北地區以及印度北部等地的上新世地層中，三趾馬動物群化石很常見。耐人尋味的是，除了青藏高原外，所有這些化石點的海拔都只有幾百公尺左右，這說明當時三趾馬動物群生活的地方，地勢都比較低緩，氣候也比較溼暖。

三趾馬化石的推論

過去，青藏高原上沒有發垷三趾馬化石，常常被作為大高原自古有之的反證。人們認為三趾馬從中國向南亞遷徙的路線是經過阿富汗，伊朗到達巴基斯坦和印度的。現在，不僅在高原的吉隆盆地，而且在聶拉木、扎達和比如等地，都發現了多處三趾馬動物的化石，而這些地方的海拔都超過了4000

公尺，年平均氣溫在1℃以下，年降雨量在400公釐左右。

顯然，三趾馬並不能在這種氣候條件下生活。這就證明了直到上新世時期，今天的高原仍然不高，而且沒有構成三趾馬動物群自由往來的障礙。

三趾馬動物群生活的時代，是高原地質歷史發展中的繁榮昌盛期。這個時期的地殼運動不強烈，山地被剝蝕削低，大量的物質被搬運，堆積到盆地、谷地中。沉積物厚達幾百公尺，整個高原地區以廣闊的平原地貌為特徵，沒有陡峭的山崖，沒有深邃的峽谷，在微微起伏的平原上分布著大大小小的湖泊。在藏南及喜馬拉雅山北麓的斷陷帶上，湖泊呈條帶狀相間分布。雖然那時岡底斯山、唐古拉山、崑崙山等山脈都已存在，但都不很高，喜馬拉雅山的平均高度也不足3000公尺。氣候冬季較溼

潤，夏季較溫暖，南北之間的年平均溫差僅6℃左右，在這種均一的氣候環境下，三趾馬動物群成為主宰者。溼潤而溫暖的氣候使土壤發育為紅色，至今許多地方都可見到這層紅色風化殼。

三趾馬動物群化石的發現讓我們得以研究並恢復青藏高原的上新世古地理環境：牠們的滅絕反映了喜馬拉雅山脈的地質歷史進入了新的階段，即地殼強烈的隆升，逐步形成了今天的青藏高原。

地磁的研究

另外，在追溯地質歷史時，除了古生物化石外，古地磁往往也是地質學家最重要的線索及依據來源。古地磁的證據顯示，印度板塊原來是位在南半球，後來因板塊向北移動而到達現在的位置。結合板塊移動的軌跡可以發現，喜馬拉雅山脈的生成過程主要是印度板塊逐漸北移後，首先形成島弧，然後是島弧與歐亞大陸的碰撞，最後是印度板塊與歐亞大陸碰撞的結果。當兩大板塊發生碰撞、擠壓之後，除了造成喜馬拉雅山脈及西藏高原隆起升高之外，也使得撞擊區附近的地殼增厚，例如在西藏南部的地殼就厚達70多公里，此厚度相當於一般地區地殼的兩倍。

印度板塊與歐亞大陸板塊的碰撞作用可說是亞洲新生代最主要的造山運動。山脈高高隆起，不但改變地表地形，全球的氣候形態也為之改觀，同時亦使該區的動植物分布更具多樣性。

現今的印度板塊仍然每年以5公分左右的速度向北推進，並向歐亞大陸底下俯衝、隱沒，同時喜馬拉雅山脈也以每年約0.6公分的速度在增長之中。雖然露出地表的岩層受到風力、雨雪等外營力不斷的侵蝕，但是科學家們預測，未來兩大板塊仍然會繼續的碰撞，山脈也將持續的上升，因此，喜馬拉雅山脈將大致維持一定的高度。「世界屋脊」的美名，依然非它莫屬。

喜馬拉雅山是板塊碰撞的結果

從太空拍攝的喜馬拉雅山

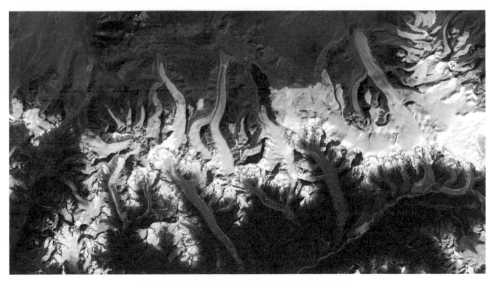

從太空拍攝的喜馬拉雅山的冰川與湖泊

羅浮宮夜晚景色

巴黎羅浮宮

世界最大的博物館

　　羅浮宮（Musee du Louvre）於西元1546年到1857年間修築，總面積達197884平方公尺，目前是世界上最著名的美術館之一，其規模只有俄羅斯的艾爾米塔什博物館、大英博物館能與之相比。

　　在中世紀的初期，羅浮宮原本是法國國王的一座離宮，其最早的修築者是腓力·奧古斯都（Philip Augustus）。12世紀時，他在塞納河畔建築一座城

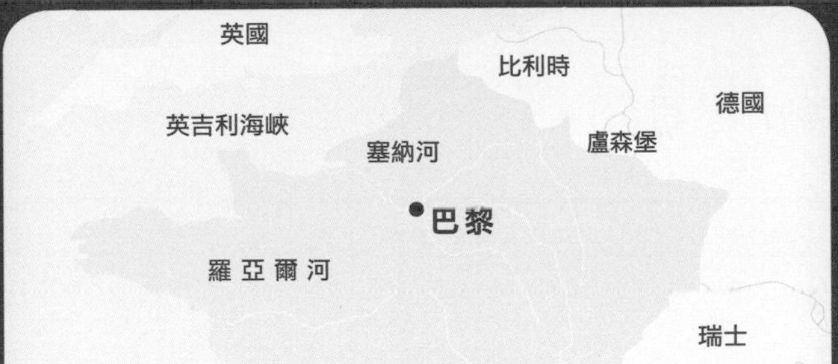

英國

比利時

德國

英吉利海峽

塞納河

盧森堡

●巴黎

羅亞爾河

瑞士

法　國

義大利

比斯開灣

西班牙

地中海

羅浮宮位於法國巴黎市中心的塞納河畔。

巴黎羅浮宮外觀

金錢，直到19世紀中葉，拿破崙三世執政後的第五年才宣告完成。到了20世紀的80年代，羅浮宮又由傑出的建築師貝聿銘進行大規模的擴建，即為「大羅浮計畫」。擴建後的羅浮宮在1989年重新對外開放，此時的總面積高達15萬多平方公尺，成為世界上名副其實最大的博物館之一。

收羅各類藝術珍品

現今羅浮宮的展示館總共分為七大部分，分別為：古希臘羅馬藝術、古埃及藝術、古東方藝術（伊斯蘭藝術部分）、繪畫、素描、雕塑及藝術品。希臘羅馬藝術由拿破崙創建，以建築、雕塑、青銅器、珠寶和陶器為主要特色。埃及藝術主要展出的，是拿破崙遠征埃及時掠奪來的藝術品，有許多是埃及古文物中的珍品。東方藝術則是以美索不達米亞、北非、波斯等地的藝術品見長，在1945年又附設了一個伊斯蘭的藝術分館。繪畫館包括從中世紀到當代歐洲的各種繪畫流派，而素描、雕塑及藝術品等館皆和繪畫館相似。

堡。在16世紀時，這座城堡被喜歡收藏藝術品的法國國王拆除，並於原址建造一座新宮，其設計採用當時流行的文藝復興建築樣式。到了路易十四時期，當時著名的設計師更設計了羅浮宮南、北、東三面的建築，其中東面的柱廊便成為皇宮的標誌。後來路易十四將王宮遷移至凡爾賽，羅浮宮的修建才暫告一個段落。

從18世紀末開始，羅浮宮被作為國立博物館對外開放，兩年之後，又在羅浮宮的大型畫廊舉行開館典禮。19世紀初葉，拿破崙再次下令擴建羅浮宮，此時的羅浮宮一度被稱為拿破崙博物館。拿破崙的工程耗費大量的時間與

此外，羅浮宮還設有地下繪畫儲藏室、繪畫作品修復室、實驗室，以及藝術及考古圖書館，並另外建有羅浮宮博物館學院，專門培養博物館人才。

羅浮宮內收藏之雕像

羅浮宮博物館的藝術珍品每年都會吸引數百萬的觀眾來此地一訪，對於觀賞者而言，最不可或缺的便是此地三件的鎮館之寶：「斷臂的維納斯雕像」（Venus de Milo）、「勝利女神雕像」（Victorie de Samothrace），以及「蒙娜麗莎的微笑」（La Joconde）。

艾菲爾鐵塔旁為戰神公園

反對聲浪中的勝利

艾菲爾鐵塔

遭到反對的奇特造型

在1890年，為了慶祝法國大革命的百週年慶，以及即將舉行的萬國博覽會，由艾菲爾（G. Eiffel）設計的鐵塔脫穎而出，成為當時建造的目標。艾菲爾曾發下豪語：「我想為現代科學與法國工業的榮耀，建立一個像凱旋門那般雄偉的建築」。

一開始，艾菲爾鐵塔（La Tour Eiffel）以其獨特的用材和奇異的造型遭到許多人的強烈反對。反對者主要來

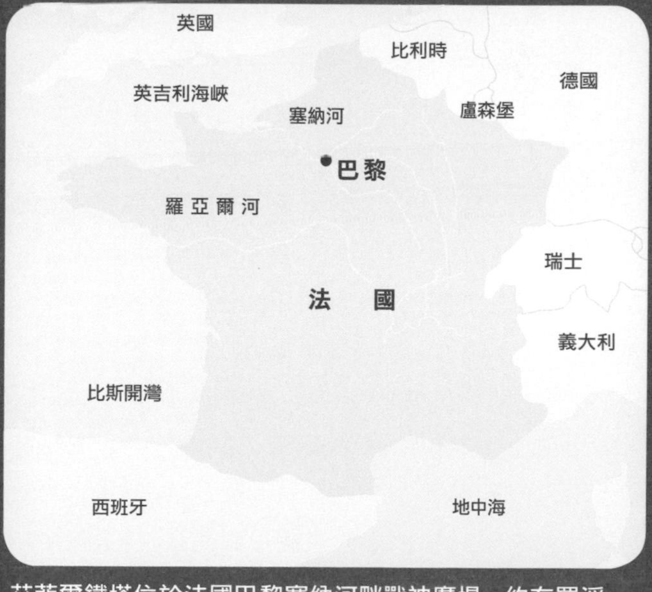

英國
比利時
德國
英吉利海峽
塞納河
盧森堡
•巴黎
羅亞爾河
瑞士
法　國
義大利
比斯開灣
西班牙
地中海

艾菲爾鐵塔位於法國巴黎塞納河畔戰神廣場，約在羅浮宮西方三公里處。

1888年時興建中的艾菲爾鐵塔

自兩個方面，一派是守舊的文學家、藝術家，一派則是建築家。自1886年鐵塔設計圖公布之後，反對與攻擊的呼聲就接連不斷。特別在1887年2月14日，工程正式開工後的第19天，巴黎的報紙就發表了由一批藝術大師和建築師聯合簽名的抗議書。在抗議書發表前後，這些名人還單獨發表言論和文章來抨擊艾菲爾鐵塔。

面對著反對和抗議的浪潮，鐵塔的設計者——艾菲爾，在同一天便闡述了自己的建築藝術理論：「對我來講，鐵塔將有它自身獨特的魅力。這是因為我們是工程師，難道從事建築的工程師就不注重建築物的美感嗎？難道我們只關注牢固性和永久性而不盡心盡力去追求它的美感嗎？難道力的因素與美的因素真的不能和諧與統一嗎？……我可以向大家保證：我所設計的、經過精確測算過的弦形基座與平台連接的曲線造型將牢固又美觀，達到力與美的和諧與統一，打消人們對鐵塔安全的種種憂慮，

艾菲爾鐵塔是巴黎顯著地標

從而顯現出整體設計的大膽及魄力。」

攻擊、責難和反對都未能動搖艾菲爾的信心和決心，鐵塔以其新型用材、大膽設計獲得了巨大的成功。1889年3月31日，當時世界第一高的艾菲爾鐵塔正式落成剪綵。艾菲爾手舉法國國旗走了1710個台階登上塔頂，在21響禮炮聲中，把國旗插在鐵塔頂上。在1887年到1931年之際，紐約的帝國大廈落成之前，艾菲爾鐵塔還保持了45年世界最高建築物的地位。

現代化建築典範

各種非議隨著鐵塔的落成漸漸消失，巨大的A字形鋼筋鐵骨不但不讓人感覺笨重，反而顯得優美輕盈。鐵塔的高大，勢壓全城，逐漸與巴黎建築景致相適應，而最終成為巴黎的象徵。1889年，在巴黎舉辦的萬國博覽會期間，就有200萬人參觀鐵塔。發明大王愛迪生在參觀了鐵塔之後，把自己製作的演示型雙鏡雙聲筒留聲機獻給了艾菲爾，並親筆題詞：「獻給建造如此巨大、如此現代化建築典範的勇敢建設者——艾菲爾」。

座落在塞納河岸的艾菲爾鐵塔高320公尺，建築設計最著名的是防範強風吹襲的對稱鋼筋設計，兼具實用與美感考量。艾菲爾鐵塔總共分為3層，隨著遊客目的、樓層不同而有不同的收費。搭乘快速升降梯抵達274公尺高的頂層後，就可以慢慢欣賞巴黎的景物了，白天視

艾菲爾鐵塔是世界上最多人付費參觀的景點

夕陽下的艾菲爾鐵塔

野佳時，可遠眺72公里遠的巴黎近郊。若在黃昏時前往，可同時欣賞白天與夜晚不同的景色，特別是燈火通明的凱旋門方向，令人目光不忍轉移。一到了夜晚，從1987年由電腦控制的照明設備更讓這座艾菲爾鐵塔搖身一變，在燈光下玲瓏剔透，成為一座「玻璃塔」，照耀著巴黎的夜空。當2000年到來之際，鐵塔換了新裝。20個工人花了3個月時間在塔上安裝了2萬個閃爍燈。每當夜幕降臨，被照得通明的艾菲爾如同一座金塔，在巴黎夜空中閃閃發光。

艾菲爾鐵塔雖然和繁華的市中心有些距離，但300多公尺的高度視野極為寬廣。向西隔著塞納河就是擁有扇形廣場與美麗噴泉的夏樂宮（Palais de Chaillot），向東邊是戰神廣場（Parc du Champ de Mars）與傷兵院金碧輝煌的教堂圓頂，更遠處的巴黎聖母院則若隱若現的。向北可越過塞納河見到著名的香榭大道，或和東北遠方蒙馬特山頭的聖心堂遙遙相望。

自1889年以來，已有1.85億人登上了艾菲爾鐵塔，遊客最多時達一天1萬7千人。然而誰又能想到：這座鐵塔是在一片抨擊、謾罵和反對聲之中興建而成的？

凡爾賽宮外部景致

人類建築史上的明珠

凡爾賽宮

法國王權的象徵

　　凡爾賽宮是歐洲最豪華的王宮，也是人類建築藝術寶庫中一顆絢麗燦爛的明珠。凡爾賽宮建於路易十四時代，自1661年開始動工，1689年全部竣工，至今已有300多年的歷史。當初是提供王室居住的，如今已成為博物館。凡爾賽宮可說是法國王權發展極致的象徵。一直到1789年法國大革命發生後，沒落的路易十六工室才被迫將宮廷遷回巴黎的杜樂麗宮。

凡爾賽宮位於法國巴黎西南十八公里處的凡爾賽鎮。

十七世紀繪製成的凡爾賽宮全景圖　　　　凡爾賽宮宮內裝飾

凡爾賽宮占地110萬平方公尺，其中建築面積為11萬平方公尺，園林面積100萬平方公尺，王宮總長580公尺。由於是長時間陸續建成的，所以王宮整體效果比較差。宮殿西面是一座風格獨特的法蘭西式大花園，風景秀麗，其中軸線長達3公里，大小道路都是筆直的，與花草、水池、噴泉、柱廊組成幾何圖案，被稱為「跑馬者的花園」。

宮殿建築氣勢磅礡、佈局嚴密且協調。外牆的上端，林立著大理石的人物和花卉雕像，造型優美，栩栩如生。裏面的陳設富麗堂皇，許多大廳的牆體和拱頂，有著名的彩色繪畫和金碧輝煌的雕花。牆壁從底到頂，都由大塊鏡片鑲嵌而成。

凡爾賽宮的外觀給人一種宏偉、壯觀的感覺，而它的內部陳設和裝潢則更富於藝術魅力。500多間大殿小廳處處金碧輝煌，豪華非凡。內壁裝飾以雕刻、巨幅油畫及掛毯為主，配有17、18世紀造型超絕、工藝精湛的家具。宮內還陳放著來自世界各地的珍貴藝術品，其中亦有中國古代的精品瓷器。

世界最著名的花園藝術

正宮前面是一座風格獨特的「法蘭西式」的大花園。園內樹木花草別具匠心，美不勝收。室內裝飾極其豪華富麗是凡爾賽宮的一大特色，大理石院和鏡廳是其中最為突出的兩處。除了上面講到的室內裝飾外，太陽也是常用的題目，因為太陽是路易十四的象徵，另外有時候還和兵器、盔甲一起出現在牆面上。除了用人像裝飾室內外，還用獅子、鷹、麒麟等動物形象來裝飾室內。有的還用金屬鑄造成樓梯欄杆，有些金屬配件還鍍上了金，配上各種色彩的大理石，顯得十分燦爛。天花板除了像鏡廳那樣的半圓拱外，

凡爾賽宮花園步道　　　　　　　凡爾賽宮花園一景

還有平的，也有半球形穹頂，頂上除了繪畫也有浮雕。

凡爾賽宮的另一特色，就是建築群西邊的一片大花園，它是世界著名的大花園之一，其與中國的園林有著截然不同的風格，它代表了庭園藝術中的一個學派，幾百年來歐洲皇家園林幾乎都依循了它的設計思想。凡爾賽宮的大花園完全是人工雕琢的，極其講究對稱和幾何圖形變化。凡爾賽宮嚴格規則化的園林設計，是法國建築統治鼎盛時期文化上的古典主義所產生的結果。

巴洛克建築代表

因此，凡爾賽宮可以說是法國封建統治時期的一座紀念碑。從內容上講，它不僅是皇帝的宮殿，也是國家的行政中心，還是當時法國社會政治觀點、生活方式的具體體現。它是歐洲自古羅馬帝國以來，第一次表現出能夠集中如此巨大的人力、物力的專制政體力量。

當時，路易十四為了建造它，共動用了三萬多名工人和建築師、工程師及技師，除了要解決建造大規模建築所產生的複雜技術問題外，還要解決引水、噴泉、道路等各方面的問題。可見，凡爾賽宮的建設，有力地證明當時法國經濟和技術的進步和勞動人口的智慧。

凡爾賽宮是一個具代表性的巴洛克建築，凡爾賽宮象徵當時專制王權的權威，將宣揚威望所需的一切雄壯及威嚴，藉由凡爾賽宮的精美裝飾而化為實際，可謂為巴洛克建築一項特殊之風格。凡爾賽宮現在仍是法國旅遊必至的觀光勝地，縱然昔日光榮已褪，但仍舊華麗的宮園，仍可供人遙想當年的繁盛景象。

羅亞爾河畔的雪濃梭古堡

羅亞爾河古堡群

歐洲古堡建築的寶庫

　　風景優美及氣候宜人的羅亞爾河位於法國中部，自古為法國皇室及詩人所喜愛的羅亞爾河谷地。羅亞爾河的古堡具有代表性，已成為法國古堡的代名詞，甚至是歐洲古堡的同義字。一座座古堡散佈在河谷兩

羅亞爾河是法國最長的河流，發源於法國中央山地，然後往北西從南特附近流入大西洋，全長約1000公里。羅亞爾河與其支流茵德河、雪河、維恩河以及緬因河，所形成的大片區域就是羅亞爾河河谷。從奧列安到安瑞約240公里的河谷就是法國古堡最多的地區，百餘個古堡散佈其間。

邊的葡萄園及小鎮中，優遊其間彷彿回到中世紀。

羅亞爾河古堡大多建立於15或16世紀，當時貴族各自建立自己的領地，英法百年戰爭期間曾多次易主。文藝復興時期，許多藝術家在這裡貢獻他們天才與智慧的成果，為一建築文化的寶庫。在這裡，我們將逐一介紹在羅亞爾河沿岸的建築。

布洛瓦

布洛瓦是重要的商業中心及農產品的集散地，其市街小道蜿蜒在小山丘間，呈現古老城市的風貌。布洛瓦的古堡與教堂為羅亞爾河精華之一。布洛瓦有火車可通往巴黎或波爾多，交通便利，無論是公共交通或自備交通工具，旅行起來都很方便，價錢合理的餐廳和旅館更是自助旅行者的福音。

布洛瓦古堡有「法國建築縮影」

羅亞爾河上最著名的香波古堡

之稱，其建築風格融合中古世紀的堡壘，到17世紀的古典主義。古堡內的中庭，屬於法蘭西一世的皇家別院，還有一個考古博館、美術館。

布洛瓦是一個具有古老歷史的小城，擁有許多古蹟建築，如：國王花園的視野很好；布列塔尼的安尼之屋，是一座優雅的建築；聖尼古拉斯是一座12到13世紀的教堂建築，十分美麗。這些地方都值得旅客的流連。

香波古堡

香波古堡是羅亞爾河古堡中最大最華麗的古堡，位於森林中，森林面積52.6平方公里，光城牆就有32公里長。古堡正面有140公尺長，內有365個壁爐，因此也有365隻煙囪，440個房間，83座樓梯。

古堡自西元1519年法蘭西一世建立，直到1537年主要的工程才完成，到1559年法蘭西去世，古堡尚未完全

羅亞爾河上的阿宰勒里多城堡

羅亞爾河畔風景

古堡具有雄偉的建築外觀，一樓主要保存歷代的收藏品，二樓是貴族的房間，三樓則是陳列各種狩獵的用具與成果，頂樓還有各種形狀的閣樓。堡內房間數多達440間，可與凡爾賽宮媲美。此堡為歷代法國英雄人物如路易十四、拿破崙等皇室最鍾愛的狩獵行宮，可稱為古堡群之代表。

修芒古堡

修芒古堡最初是設計來做為堡壘之用，因此有很大的高塔、厚重城牆和可拉起來的橋。但經過多年的修飾之後，已成為文藝復興時代的古堡。

修芒古堡位於小山丘上，可以瞭望整個城鎮和羅亞爾河。從小山丘下往上走更是一個令人難忘的路段，兩旁的大樹林立，古堡就在眼前。在1465到1510年間經歷過兩次重建，1560年亨利二世的遺霜凱特琳為了報復亨利二世的情婦黛安，於是用修芒古堡來換黛安最喜歡的雪濃梭古堡，黛安因此而退出雪濃梭古堡，退隱到安內。1810年被拿破崙放逐的斯塔爾夫人，住在修芒古堡。1875年薩伊買下修芒古堡，後來薩伊成為布霍格立公主，這段期間是修芒古堡最奢華的時代。1938年修芒古堡正式屬於法國政府。

建好。由於工程過於浩大，建造期間還發生過財政上的問題。

法國歷代國王都喜歡來此度假、狩獵，如：1539年，香波古堡接待了第一個皇帝亨利五世。而路易十六在1660到1685年間，到香波古堡就有9次之多。另外，莫里哀有一些名劇就在香波古堡完成。法國大革命期間古堡內部的家俱多被破壞。1871年古堡成為亨利五世家族的財產，到1932年帕瑪公爵以1100萬法郎賣給法國政府。

香波古堡遠景

安博瓦斯古堡

安博瓦斯古堡是16世紀時的一部分而已，其原來宏偉的建築在17世紀中業因政治鬥爭而遭受破壞，現在為聖路易基金會所擁有。

在安博瓦斯鎮裡的山坡上有一些突出岩石，這就是安博瓦斯古堡所在的地方，這裡從羅馬時代就開始建築堡壘做防禦工事。到了11世紀，安博瓦斯共有三座堡壘。15世紀是安博瓦斯的精華時期，這時是由路易十一和查理八世在積極擴建安博瓦斯古堡。

查理八世生長在這個古堡，其自1489年起開始加強古堡的建設，因為查理八世他特別喜歡義大利花園。1631年以後，古堡便因為法國政治鬥爭而沒落。

邁錫尼文明遺址

由神話變真實

邁錫尼文明

古文明的發現

　　邁錫尼文明（Mycenae）為希臘時期青銅器時代晚期文明的另一項稱呼。在19世紀以前，人們對這一個文明的瞭解僅僅來自於神話中的故事。100多年前，科學家開始挖掘邁錫尼後，才真正揭開此一傳說的面紗。富有黃金的邁錫尼向人們展現當年的風采，更吸引更多的學者來此地發掘。

邁錫尼位於巴爾幹半島南部的伯羅奔尼撒半島上，距離雅典約一百二十公里，屬於古希臘城邦的範圍。

由愛琴海上眺望的邁錫尼地區

科學家們在研究古希臘文物時只側重於邁錫尼早期為數很少的一些文物。考古學家認為上述的青銅時代晚期是指大約西元前1650到1050年，而歷史學家認為這個也就是《荷馬史詩》中講述的「特洛伊戰爭」時期。此外，也有歷史學家認為此期相當於《舊約》中「出埃及記」時期。

以往研究的文物器皿中通常只是三種顏色：粉紅、綠色、或灰色，而其它希臘的文物則很少觸及。事實上，從邁錫尼出土文物看，古希臘文明是相當發達的。很多證據表明，古希臘文明的發達程度和與近代科學的斷層使人們不得不承認它是一種史前文化。

文明毀滅之謎

除此之外，人們也開始認識到古希臘的許多神話傳說可能是真實的。比如以往學術界一直認為《荷馬史詩》中的特洛伊城是憑空虛構出來的。而德國考古學家則認為，神話並非都是虛幻的世

邁錫尼文明所在的伯羅奔尼撒半島
隔著科林斯運河與希臘大陸相連

界，其中包含了某種歷史的真實性。以荷馬史詩中所隱含的模糊暗示為唯一線索，在各國尋找傳說中的特洛伊城，終於發現了它的廢墟。那麼，這些發達文明是怎麼毀滅的呢？全球所有民族的神話傳說中，無一例外地都能找到關於地球洪水的故事，這不只是一種巧合。考古學家在安地斯山脈發現了數千公尺的海洋沈積線，表明遠古某個時期，這裡曾經是一片汪洋。

那麼導致災變出現的根本原因是什麼？是否除了「自然現象」外，還其他有人為因素？從出土文物中看，在古希臘擁有發達文明的同時，其生活也極其奢侈糜爛。因此有人提出精神文明的崩潰導致了古希臘文化的滅亡。事實上，在所有傳說中，都有洪水之前神對人的警示這樣的內容，即人類的道德水平下滑到不配再繼續當人時，災難就會發生，人類就會面臨淘汰和更新，從而進入下一個人類週期。這種災難在歷史上並不少見的。西元前四世紀古希臘聖賢

柏拉圖就曾説過：遠古時代曾有亞特蘭提斯王國的存在，後來在強烈的地震與大洪水中沈入海中。

希臘的邁錫尼文明，則是直接承襲克里特島的邁諾斯文明而繼起的「第二代文明」。在邁諾斯王克諾蘇斯宮殿儲藏室的廢墟裏，發現一排排的大陶罐，內裝橄欖油、酒和穀物——類似現代的集裝箱，這顯然是為了便利遠途貿易而專門準備的。在希羅多德的有關記敘中，就記載了希臘地區每年有兩次向埃及輸送酒、油等商品的情況。

此外，人們還發現了大量的泥版，上面寫著政府的檔案與紀事。有跡象顯示，這種泥版記錄的方法是從兩河流域傳入的。但它的造字原則卻是拼音的，而非埃及式的象形文字或兩河式的楔形文字。

海權中心

據考證，原先僻居內地的希臘邁錫尼文化在與克里特島接觸後產生了巨大變化。克里特島與半島上的邁錫尼，這兩個古代的海權中心，為了爭奪地中海東部貿易，曾經是兩個互相競爭的敵對勢力。最後，邁諾斯隨著海權失去而遭洗劫、一蹶不振，海權中心這才轉至半島。

西元前1500年時的邁錫尼時代，希臘人早已經成為嫻熟的水手、海盜和海上商人了。透過海外活動，他們廣泛殖民到現今的克里米亞、小亞細亞、巴勒斯坦及埃及等地的沿岸，並深入到義大利和西班牙的內地。法國的馬賽港（Marseille），就是希臘殖民者首先建立起來的。

然而，對邁錫尼人來説，西元前1200年前後，是個不幸及充滿災難性的時代，奪取制海權還沒多久，就被蠻族取而代之了。北方的多利斯人馳兵南下，他們手執銳利的鐵製兵器向伯羅奔尼撒半島進逼，終於將邁錫尼人的城堡破壞，把邁錫尼人驅逐到海外或遷往深山。

一部分邁錫尼人作為奴隸留在內陸上，另一部分則分別逃亡到了巴勒斯坦地區和愛琴海上的島嶼。因此，對於希臘內陸來説，這無疑是「最黑暗的時代」，但對海外殖民事業，卻是又一個黃金時代的開始。

小亞細亞西南沿海的伊奧尼亞地區的城市，塞普勒斯和克里特島等地的文明之光仍在閃爍。由於中東的貿易和文化交流，金屬製造業、瓶畫和其他藝術都迅速復興，文明的內在活力由於貿易的興盛繁榮而再度激發，這也表明較為

自由的海上活動對於文明具有正向的刺激力。

新型海上文明

正是由於海外希臘人沒有停下海上活動，由於它在航海時期的基礎，當希臘世界從野蠻人的衝擊下開始恢復元氣，就迅速進入了史稱「奧林匹亞紀元」的新時期（西元前776年開始）。

希臘人雖然被驅逐出家園，歷經顛沛流離之苦，但是他們反倒利用這個災難，從劣勢變為優勢：創立、發展了自己的新型海上文明。這一文明具有地中海區的世界眼光和國際文化的性質。這些浪跡海外的希臘人，在文明的發展史上立下功勞。在經濟上，他們在伊奧尼亞地區的諸城邦，發展、建設了時間最早、規模最大的商業文化，產生了一系列的早期希臘文化。

希臘民族繼承了愛琴海上文明的遺風，他們的足跡遍佈地中海沿岸，並且曾經深入黑海北岸的克里米亞。在廣泛的貿易旅行和危險的海盜生涯中，他們見多識廣，接觸到許許多多的民族及其形形色色的風俗、文化，而其中宗教和神話的內容比重很大，呈現希臘文化的主要特色，流傳於世間。

邁錫尼遺址阿伽門農墓入口

十九世紀的畫作，描繪龐貝城的最後一夜

火山熔岩下的繁榮
龐貝城

埋藏千年的城市

　　龐貝城（Pompeii）自古以來，就有奧斯肯人（Oscan）、希臘人、艾楚里亞人（Etruria）、塞尼阿姆人（Samnium）等多種民族居住於此。其開發始於西元前8世紀前葉，首先來到此地的是腓尼基人。到了西元前7世紀，希臘人趕走腓尼基人而佔據此地。希

瑞士
奧地利
匈牙利
斯洛維尼亞
克羅埃西亞
波士尼亞
法國
亞德里亞海
科西嘉
羅馬　義大利
維蘇威火山
撒丁
龐貝
第勒尼安海
西西里島
阿爾及利亞
波士尼亞
地中海

龐貝位於義大利南部的坎佩尼亞，西臨海水湛藍的那不勒斯灣，北靠巍峨峻峭的維蘇威火山。

龐貝古城的一個入口，由藝術史學者古德伊爾攝於1895年

臘在此地的建設以及文化方面的影響，可由城內的壁畫得知。當羅馬人與卡薩其發生第二次布匿克戰爭時，龐貝從此落入羅馬人手中，並於西元前87年成為羅馬的一個自治城市，人口約兩萬。

羅馬貴族富商紛紛遷往龐貝，盛極一時，在享受繁華之際，人們想不到旁邊的維蘇威火山竟是座活火山，而且隨時有爆發之危機。西元63年，這座被認為是「死掉」的火山便開始醒來，並

發生過一次強烈地震，破壞了城內部分建築，可是居民不單沒有視之為末日先兆，更將城重建得更為壯麗。在地震之後的千百年，龐貝地震雖然頻繁，卻無損於古城的繁盛。終於在西元79年，維蘇威火山發出了真正的怒吼！

西元79年8月24日清晨，滾滾濃煙和無數火星從山頂騰空而下，劇烈的爆炸聲接連不斷。頃刻之間，天色昏暗，大地搖撼，連平靜的那不勒斯灣也翻騰起洶湧的浪濤。被噴起的熔岩，落地時凝固成石塊，大量的石塊和火山灰把火山附近的地面全都覆蓋起來。接著又下起暴雨，引起了山洪暴發。山洪挾帶著無數石塊和火山灰形成一股巨大的泥流，向山下猛烈衝去。龐貝城，這座建於西元前6世紀的古城，就這樣全數埋沒。維蘇威火山在其後千多年間又再度爆發多次，火山灰層層加上，將此華麗古城深深藏於地下及歷史中，直至西元18世紀才重現人間。

重見天日

一千多年過去了，龐貝城漸漸被人們遺忘。研究歷史的學者在查閱羅馬古書時，只知道有個龐貝城，但它的遺址到底在哪裡，一直是個謎。18世紀初，義大利農夫在維蘇威火山西南8公

龐貝古城的公共浴場，由古德伊爾攝於1895年

里處修築水渠時從地下挖出了一些古羅馬的錢幣，以及經過雕琢的大理石碎塊。1748年，人們又在附近挖出一塊石塊，發現上面刻有「龐貝」的字樣。

龐貝城的面積約1平方公里，四周繞有石砌城牆，設有7個城門。龐貝城由每邊大約2公里的城牆圍繞，市區西邊有公共廣場，周圍設有神廟、公有市場、市政辦公廳等建築物。所有的街道均經鋪設，馬路和人行道區分開來，每個十字路口設有公用溝渠的取水場，該市溝渠可能普及到每個家庭，現在還可以發現溝渠用的鉛管。另外還有公共浴池、體育館和大小兩座劇場，街市東邊則有圓形競技場。

龐貝城內的競技場是現存的羅馬競技場中最為古老的一個，可以容納1萬

2千名的觀眾，而當時龐貝居民連奴隸在內只有2萬人，這個競技場卻可容納全城半數以上的居民，足見一般市民亦有能力享受娛樂活動，且對人獸對戰的鬥獸表演異常狂熱。

城內最宏偉的建築物，都集中在西南部一個長方形廣場的四周，這裡是龐貝城政治、經濟和宗教的中心。廣場的東南，是龐貝城官府的所在地，其東北是商場。從發掘出來的情況看，這裡店鋪、商品琳瑯滿目，生意非常興隆。隨著開挖工作的進行，人們還發現麵包店烤爐剛烘焙完成的麵包、小酒館酒壺中有葡萄酒、桌上散亂著銅錢。至於人和動物的屍體，則呈空心狀態殘留在火山灰中。若將石膏倒進已呈空心狀的屍體內，再去除外面的火山灰之後，則出現

經歷痛苦過程的石膏像。

注重生活品質

在龐貝城所挖掘出來的物品都顯示該城深受古希臘文化的影響。例如1831年在牧羊神之家所發現名為伊索斯之戰的鑲嵌畫就是例證之一，內容主要是描繪亞歷山大在伊索斯大敗波斯的大流士三世的情形。不過，龐貝城出土的文物也得知羅馬人在藝術上沒有多少成就，反而在土木建築有很大的成就。文學也同樣受到希臘的影響。

古羅馬人的貧富差距很大，窮困的人只能住在簡陋的公寓，商人和貴族卻享有華麗的豪宅和成群的奴僕。在龐貝城中，有錢人的宅第是以一個寬闊的中庭為中心，而牆上飾壁畫，圍繞著中

龐貝古城房屋內的人物肖像

庭的建築物有廚房等。有些時候，前門部分也當店面使用，家庭成員則住在樓上。豪宅格局都相當類似，通常都有後花園的設計，有花壇、藤架、迴廊及水池。

當時的日常生活中，到公共浴場是不可或缺的重要部分。浴場的設計細緻，更衣室、按摩室及美容室等一應俱全。浴池也分為冷水、暖水及熱水三種，此外還有設於最裡面的女士專用浴池，可想而知，當時龐貝的市民，已達到會注重生活素質的富裕程度。

美食、好酒、觀賞戲劇、舉行選舉、商業發達及生活富裕，當時的龐貝城可說是人間樂園。在奴隸住的房間裡，男女交合的像被公開畫在牆壁上。主人的守護門神是「淫神」，盛行同性戀等，由壁畫及為數不少的妓院遺跡可知，當時人們的生活其實是相當糜爛淫亂、道德低落的。競技場的規模更顯示出當時人們對於暴力血腥的崇尚和熱愛。

有人說龐貝城的毀滅是對居民生活過份奢華墮落，以及其對上天不敬而遭天譴，你相信嗎？無論如何，龐貝城的遺跡仍保持著當時十分繁榮的景象，這對研究古羅馬人都市生活實況的人來說，是相當珍貴的。

龐貝古城執政官的房子畫

龐貝古城大門畫

由高塔上俯瞰布拉格城市

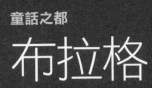

童話之都
布拉格

百塔之城

　　布拉格，這個有著「童話之都」美名的城市，興起於中古世紀。西元1355年起，德國皇帝查理四世在此地接受加冕，將布拉格定為神聖羅馬帝國德意志王國的首都，從此布拉格便在歷史上扮演重要的角色。這個城市雖然歷經了數次戰爭的洗禮與共產主義的禁錮，但是它的遺跡仍然保持得相當完整。

　　由於豐富的建築風格使布拉格被冠上「百塔之城」的封號，從仿羅馬、哥德、文藝復興、巴洛克到

布拉格位於捷克共和國境內，是捷克共和國的首都。

新藝術風格與立體派建築一應俱全。在夕陽輝映下，讓許多建築物閃爍如金，使布拉格顯得金壁輝煌。從高塔上鳥瞰布拉格，岩石峭壁下臨著一條河，陡直的斜坡從林地間拔起，宮殿與城堡一一聳立高地上，陡峭的街道如同階梯，河流沿岸則佈滿各式橋樑。

豐富的文化遺產

布拉格主要由四個區域構成，分別是城堡區（Castle District）、雷色城（Lesser town）、舊城（Old Town）及新城（New Town）區，特別是布拉格城堡，它是當地人最驕傲的景點，不但是歷代執政者居住與辦公所在，更是宗教的菁華區。14世紀興建的聖維特爾大教堂即為代表，歷史上的三十年戰爭也於此留下記載。

緊臨城堡的黃金巷，是作家卡夫卡的故居，他曾在此地完成以布拉格為背景的文學名著「城堡」。今日這條小巷裡的十八棟1540年建築中販賣各種與時光有關紀念品，如郵票、老照片、甚至於昔日共產時代的紅軍制服與配備。另一方面，歐洲最大的猶太區亦位於布拉格，第五區的猶太城可見許多猶太人墓園與教堂，描述著猶太人千年來的辛酸血淚史。

貫穿布拉格南北的維瓦塔河是布拉格最具風情的地方，特別是興建於14世紀的查理士大橋，連接了新舊兩城。這座古橋為遊客聚集之處，橋上有108位聖者的雕像，此外，橋上還有許多小販及街頭藝術家表演音樂或素描。沿著河川放眼望去，還可以清楚地看到許多古老的城堡，如同置身於童話故事天方

布拉格同時擁有各式建築風貌

布拉格城市面容仍保持的相當完整

布拉格舊城廣場

夜譚之情景，夜晚與白天各有不同風情。

由於捷克豐富的音樂、文學與建築等文化遺產，常會吸引大批觀光客到布拉格參觀，再加上物價低廉，可以趁機會參加許多藝術活動。中世紀是布拉格的黃金時代，其規模及文化輝煌遠超過同期之倫敦或巴黎。

布拉格市區一景

夜晚的布拉格猶如童話故事場景

英國巨石陣

神秘的巨石謎團

英國巨石陣

眾說紛紜的建築

　　早在4000年以前的新石器時代，巨石陣就已經存在了，至今興建此石陣的原因仍然是一個謎。

　　英國巨石陣的主石群是排列成圓環形似的馬蹄鐵狀，在這石環裡還有一個比較細的石環。這兩個石環中還有「三石牌坊」的特別史前建築，即兩個直立的巨石上，橫放著另一巨石在上。整個建築不只是石頭的建築，環繞著它的還有溝、堆土斜坡。另外，還有一條小路由石群的東北方直達英國中部河道，在連接石陣的初段，上面則有數

巨石陣佇立在英國威爾特郡索爾茲伯市的高處，亦即倫敦西南面137公里。

古代對巨石陣的描繪

十九世紀畫家透納對巨石陣的描繪

石排列著。

　　為何這個石造的遺跡會特別受注視呢？地球在石器時代後，各式各樣的石造建築就遍及地球的不同地區，但英國的巨石陣比起它們，絕對是一個爭議性的建築物。

　　部分研究人員發現石陣的外圍柱與

石柱上的楣石緊密的接合著，形成一個完整的圓環，而它們所用的是現今木匠所用的技術，就是用有如「入榫」的方法，由石柱頂部的凸出部分與楣石凹溝接合的技巧。但問題在於，當時的人如何準確的計算弧度，令楣石保持平衡，進而平放於石柱上，並且能夠組成圓環形的巨石陣？

從數百公里外運來的巨石

　　據研究，巨石陣所處之地並不出產這些巨石，反而是距當地數百公里的威爾斯才出產這種石材，那當時的人們是如何從幾百公里以外的威爾斯運來這麼多每塊重達幾十噸甚至上百噸的巨石？

　　學者們相信，這些巨石不可能靠人力運來，而有可能是由覆蓋地面的冰川所帶來的，但此後顯然又經過人為的排列，否則不會彷彿經過計算一樣，在夏至時與太陽升起的位置恰恰排列成一條直線。

　　英國考古學家對「巨石陣」的建造年代，已取得較為準確的結論。他們認為，「巨石陣」最早是在4000～5000年前時就開始動工興建了，工程前後延續了數百年，最後才大體上形成與今天相似的格局。

　　英國巨石陣有三個興建階段，跨越了2000年的歲月站立於我們的面前，腐

十九世紀畫家康斯特爾
對巨石陣的描繪

蝕、時間、人類活動令它失去了原貌，或許它並不是某些人想像中的那麼宏偉壯觀，但它確實地把一種訊息告訴了現今的人類，就是我們不可否定前人擁有高度智慧。

索爾茲伯市平原上的所有石塊也是從遠處運來的，所用的就只是勞力和原始的工具，例如繩和木製槓桿。推測這些砂岩是從當地以北30公里以外的馬爾巴勒省運來的；而石陣中的藍灰砂岩則是從威爾斯西南方的山上而來的，差不多距385公里。人們究竟是怎樣運輸每塊重四噸的巨石呢？目前仍然在研究當中，相信仍需一般很長的時間才會找到解答。

兩千多年的遺骸

很多專家認為，在西元前1500年，即距今3500年前，英格蘭早期居民就停止在此地舉辦任何活動了。直到距今2000年前，「巨石陣」才似乎又重新發揮起某種功能了。早在1923年，考古學家曾從「巨石陣」地下挖出一具長1.7公尺的男性骨架，據説是2000多年前留下的。

據分析，這名男子是被鋒利的鐵器從背後砍死的，身首分離，然而有鑒於英國人最早使用鐵器大約是在2000年前，故此男性的死亡時間應該不會早於此時。專家們估計，此男性也可能是西元前幾百年時羅馬帝國入侵英國時被砍死的，因為當時羅馬入侵者對任何膽敢反抗的起義領袖均處以極刑。不過也有專家認為，此男性亦有可能死於英國王公貴族之間的內鬥。究竟這個男人是因何而死？為什麼要埋在石陣下？這又是一個謎。

就目前已有的資料來看，我們只能推論英國巨石陣的用途是介於宗教、天文兩者之間。今天，還有一部分的巨石站立於地上，仍然含有那份神聖和神秘的味道，不可否認的是它是在數百人勞力之下才存在於世上。

比薩斜塔與比薩教堂的對比

聞名於世的失敗建築
比薩斜塔

教堂的一部分

　　佛羅倫斯旁邊有一個小城市——比薩，其原本沒沒
無名，但後來卻因一座「失敗的建築」而聞名於世，那就是
「比薩斜塔」(Campanile di Pisa)。

　　12世紀中葉，比薩城正處於黃金時期，經濟繁榮，文
藝昌盛。人民深以城內宏偉的教堂欠缺鐘樓為憾，決意建
造一座義大利境內最瑰麗的鐘樓，以顯示比薩共和國雄

瑞士　　　　　　　　　　　奧地利　　　　　匈牙利

　　　　　　　　　斯洛維尼亞
　　　　　　　　　　　　克羅埃西亞

法國　　　　　　　　　　　　　　　波士尼亞

　　　　　　　●比薩

科西嘉　　　　　　　　　　亞德里亞海
　　　　　羅馬 ● 義 大 利

撒丁　　　　　　　　　　▲▲維蘇威火山

　　　　　　　　　第勒尼安海

　　　　　　　　　　　西西里島

阿爾及利亞　　波士尼亞　　地中海

比薩斜塔位於義大利中西部的比薩城（Pisa）內。

草坪上是拍攝別薩斜塔最好的角度

厚的財富和國力，比薩斜塔就在這樣的情況下誕生了。

比薩斜塔其實就是今天比薩教堂（Duomo）的一部分。整座教堂建築分為主教堂、洗禮堂與鐘樓三大部分，主教堂採用拉丁十字架式，並有設計高雅別緻的柱子作裝飾；教堂的正面是洗禮堂，緊接著教堂而興建；在後方有一羅馬式建築，其圓頂部分是在百多年後才興建的，採哥德式的設計，像是一個圓球上的圓錐體，十分獨特。而教堂的鐘樓，就是世界聞名的比薩斜塔，雖被稱為是「失敗的建築」，但它的名氣卻響徹國際。

無法補救的傾斜

比薩斜塔呈圓柱型，共有8層，高56公尺，大鐘被放置在頂層上。各層都以優美的柱子環繞著，但只是用作裝飾，並無支撐的功效，具有真正支撐功能的是內層厚實的牆壁。塔樓由皮薩諾（Bonanno Pisano）設計，在1173年便開始動工。可惜皮薩諾忽略塔底的地基十分不穩，所以當比薩斜塔建到第三層的迴廊時，塔樓就開始向左邊傾斜。因為比薩城坐落在沖積平原上，建築物下沉是城中見怪不怪的現象。

為了補救，建築師把上面各層的重心盡可能對準中心垂直線，力求糾正傾倒的弊端，然而都徒勞無功。曾經有一個別出心裁的解決方法，就是將右邊的柱子建得比左邊的高，讓塔慢慢移回垂直位置，以及把重的鐘都放在右邊，以補救傾斜的狀況。塔的建築工程曾多次停擺，在1350年竣工之後，塔仍然向左傾斜，幸好當初沒有再加高，不然，如果塔中心垂直線超出地基的範圍，整座建築物就會倒塌。比薩斜塔以八層樓的高度，在幾世紀以來，用傾斜的姿態挑戰大自然的地心引力定律。

保護與整修

由於斜塔傾斜得愈來愈嚴重（每年

0.2公分），科學家預計它最終會抵抗不了地心吸力作用而倒下。義大利政府為了拯救斜塔，無所不用其極，最後結果是用鋼鐵支撐著比薩斜塔，並不再開放斜塔內部，而且進行全面的保護工作。經過11年的整修之後，終於成功地將比薩斜塔向上推回40度。斜塔在2001年底重新對外開放，並確保在未來的250至300年間都不會有倒塌的危險。

義大利的當務之急是找專人來清洗比薩斜塔的外表，並且將內部剝落的大理石依原樣再補回去。另外還要在比薩斜塔的四週挖五個排水道，排除雨水積泥，避免雨水侵蝕地基。估計光是修補比

薩斜塔的工作就要花上半年的時間，耗資四十五萬歐元。不過屆時整個斜塔將會面目一新，遊客從遠遠的地方就可以看到它雄偉壯碩的外觀，進而帶動當地的觀光業重新復甦。

另外，如果遊客要將斜塔最佳的角度拍攝下來，就一定要站在教堂前的草坪上。每位到此地一訪的遊客都喜歡擺出托塔的動作。有的以雙手支撐，有的以一隻手指撐著整座斜塔，再以最佳的拍攝角度，彷彿成了力大無窮的巨人。在建築學上的重大缺失，竟有這樣的意外收穫，想必就連皮薩諾也會感到疑惑吧？

從比薩教堂後拍攝的比薩斜塔

聖彼得大教堂

世界第一大教堂

聖彼得大教堂

文藝復興大師接力設計

　　最早的聖彼得大教堂（Basilica di San Pietro）建於西元4世紀，之後雖然經歷戰亂的破壞，但由於受到保護而得以完整的保存下來。1506年，教宗朱利奧二世（Julius Ⅱ）決定在君士坦丁大殿的位置再建一座大教堂，並把工程交給布拉曼特（Donato Bramante）設計。1514年，布拉曼特去世之後，就由拉斐爾（Rapheal）

聖彼得大教堂位於義大利半島上的教皇國Vatican梵諦岡內。

接替，後來又交給安東尼奧·達桑加羅（Antonio da Sangallo）。

在1546年，由米開朗基羅（Michelangelo）逐步接手建築教堂的工程，他將教堂設計成希臘十字形，並同時設計教堂的圓頂，然而當圓頂建到鼓牆的部分時，米開朗基羅便已辭世。

後來，教宗保祿五世請卡羅·馬德爾諾（Maderna）擔任建築工程師，他將教堂改成拉丁十字形，在兩旁各增建了三座小教堂，並且修築教堂的正面，一直到1614年全部竣工。

1626年，巴洛克風格設計師貝里尼（Gianlorenzo Bernini）被任命重新設計教堂的正面，其最偉大的構想便是設計廣大的橢圓形廣場及貝里尼圓柱廊，以便改善當時教堂正面寬度等常被人批評的問題。

聖彼得大教堂歷經了120年，在許多教皇的支配下，經過多位文藝復興時期大師之手，是全世界面積、建築及藝術上最偉大的教堂。教堂面積共計有15160平方公尺，長187公尺，如果連門面穿堂一併計算的話，共長211.5公尺，高度若連上端的十字架在內，共高132.5公尺，直徑42公尺。一直到現在，這就是我們今天見到的聖彼得大教堂。

天主教教會中心

談到聖彼得大教堂，就必須先提及與其息息相關的聖彼得廣場（Piazza di San Pietro）。聖彼得廣場是2000年以來天主教教會的中心，而其正前方就是聖彼得大教堂。中間的廣場是一個橢圓形廣場，寬達284公尺，左右由貝里尼圓柱廊環繞著。柱廊共由284根陶立克式（Tuscan）石柱組成，分成四排。柱廊頂端豎立著140尊雕像，皆是聖經中所談及的聖人或殉道者。

不過現今因車輛廢氣的污染，貝里尼圓柱廊遭受侵蝕日趨嚴重，猶如羅馬的露天雕塑一樣。所以當地政府派這一

1450年時的舊聖彼得大教堂

1630年完工後的聖彼得大教堂

批技工專門在此地作石像修補的工作。廣場中央的埃及方尖碑是在1586年豎立於此,而其頂端有塊釘死耶穌基督的十字架遺跡。

在聖彼得廣場上有兩座噴泉。當你面對聖彼得大教堂時,左手邊的噴泉是由貝里尼所設計,右手邊的噴泉則是由卡羅·馬德爾諾所設計。在兩座噴泉與埃及方尖碑的中間各有一塊圓形白色大理石。站在大理石上對著貝里尼圓柱廊觀望,會有一種特別的透視感,原本橢圓形石柱長廊會整齊的排列起來,像是一條長形長廊,而且柱廊的四排石柱只能看到最前面的那一排,好像只有一排一樣。

聖彼得大教堂的左方是座宮殿及教宗寓所。聖彼得大教堂最著名的,就是上方中央由米開朗基羅所設計的大圓頂,其高達136.5公尺。正面上方有耶穌基督及十位使徒的雕像,左右各有一個大圓鐘,因為梵諦岡會有一段時間是由法國統治的,所以一個圓鐘是法國的時間,另一

1870年時的聖彼得大教堂景象

個則為本地時間。

在教堂前方廣場左右各有一座雕像,左方是手握兩把鑰匙的聖彼得,右方則是左手持劍、右手披卷的聖保羅。羅馬之所以成為以基督為中心教會的第二大聖城(第一大為耶路撒冷),起因於這兩位使徒在此傳教的貢獻,並且此地為他們殉教之處。

25年開一次的聖門

教堂正面為巴洛克式風格,分有兩層,尚有耶穌,聖約翰、及十二使徒像。上層兩旁置有二座鐘,而下層有八座圓柱,四支方柱,共有五座大門。更前為石階,階前即為聖彼得廣場。廣場旁邊有二座大噴水池,教堂兩旁則環繞著由貝里尼所增建的四行式石柱之弧形長廊 。

要進入教堂內部需先通過一個前廊,由前廊進入教堂內部共有五道門,其中最右邊的那道門就是「聖門」。據說,以前每年年初聖門都會由教皇打開一次,然而有一年因為聖門年久失修的緣故,教皇開門時被掉下來的門楣打到頭,從此之後,每25年才開門一次。

在進入聖門之後,面對教堂內部方向的右側,最先看到的就是米開朗基羅25歲時候的作品——「聖殤像」,為聖母瑪利亞抱著死去的耶穌基督雕像。和一

聖彼得大教堂上方有聖徒雕像

般的作品不同的是，在這個作品裡，年青的聖母表情十分安詳平靜。此雕像是米開朗基羅唯一題名的雕刻作品。據說，當他完成塑像的時候，有人質疑並嘲笑他是否會雕刻，他便將名字題在聖母的胸前，之後就因此成名。

在教堂內部還有著名的馬賽克壁畫——「基督受難圖」。馬賽克是指以鑲嵌方式作畫，製作的人以不同顏色的石子，切割成小塊小塊，組成一幅作品，所以我們看到的作品是由無數不同顏色的石片所組成。馬賽克的技術傳授，現僅在梵諦岡保存下來。在聖彼得廣場旁的精品店中，還可以看到師父在作畫，也可以買到真正馬賽克作品，而在聖彼得大教堂中保存了許多馬賽克名作。

「基督受難圖」下方，是一具木乃伊石棺，裡面裝著以往教皇的遺體。除了頭部是以金子鑄造之外，其餘的部分均是原身。在對面面對教堂內部的左側也有另一具石棺，是另一位教皇的木乃伊。

教堂裡有一座聖彼得的銅像，每個來到這裏朝聖的人，都會摸摸它的腳，所以彼得的腳早已被摸的不見了，現在它的腳是重新鑄上去的，但還是被摸得光光的。

走到由米開朗基羅所設計的圓頂下方，整個聖彼得大教堂的重點大半都集中在此。米開朗基羅的圓頂、貝里尼的華蓋、四聖者雕像、四福音作者的壁畫、彼得墳墓均在這裏。

裝飾藝術

以下分別介紹聖彼得大教堂幾個主要裝飾特點：

1.圓頂：米開朗基羅設計的圓頂是由鼓狀柱牆支撐，被分成16等份，每等份內均繪有聖者圖像。再往下，由四面方形牆柱支撐住整個圓頂，在四面的上方各有一個圓形壁畫，底下各有一尊聖者雕像。四面圓形壁畫中分別是四部福音書的作者及其代表物，分別是馬太和「牛」、馬可和「獅子」、路加和「鷹」、約翰和「聖天使」。

2.華蓋：主祭壇上的青銅華蓋建於1624年，是由四根高20公尺的螺旋

銅柱支撐。羅馬市內萬神殿內頂下有12個位置，原本有12個青銅神像在其中，但被貝里尼搬來，熔鑄成教堂內的青銅華蓋，放置於教宗祭壇正上方。

3.彼得的墳墓：教宗祭壇的正下方就是彼得的墳墓，另外也有許多教宗及基督徒的墳墓。祭壇前有99盞長明油燈照亮祭壇及彼得墳墓。

4.四聖者雕像：在四面方形牆柱下，各有一位聖者雕像，面對教堂內部右後為持搶聖隆基諾，是貝里尼的作品。在聖經中記載，當耶穌基督被釘在十字架上後，士兵需打斷他的腿以確定他確實死了，避免屍體留到安息日。但是執行的士兵只拿搶扎基督的肋膀，並不打斷他的骨頭，隨即便作他的見證。後來聽說這位士兵作完見證後便自殺，以表示一個小兵對信仰的勇氣。那小兵雕像就是現在握著扎了基督的槍，伸開雙手仰望著天的聖隆基諾。

在教堂內部左後方的雕像是彼得的兄弟聖安德烈，他是跟隨基督的使徒之一。安德烈是被釘死在十字架上殉道的，所以他的雕像上背著一個十字架。

另一位是倚著十字架的聖海倫，位在面對教堂內部的右前方。海倫是君士坦丁大帝的母親，她教導君士坦丁基督教義，影響了君士坦丁大帝。後來君士坦丁將天主教改為羅馬國教，自已也受洗成為基督徒，從他開始基督徒可以公開傳教，君士坦丁對整個基督教義推展的影響甚鉅。

在左前方的是另一位聖者，他在耶穌基督扛著十字架上山時，拿著布趕來替耶穌基督擦汗。

這座世界知名的聖彼得大教堂，原本是要用來紀念為教會犧牲的彼得，但當初天主教為了要蓋這座聖彼得大教堂，不惜發行贖罪券，其所花費的人力與財力難以估計。似乎失去原本創立教會的精神及目的了。

聖彼得大教堂外廣場噴泉

聖彼得廣場

新天鵝堡

德國夢幻城堡

守衛天鵝之鄉的騎士城堡

　　德國國王盧德維希二世生長在工業革命的19世紀，他理應忙於國家的事物，然而卻終其一生都在編織他的騎士之夢。循著盧德維希二世的生命歷程，起於巴伐利

新舊天鵝堡位於阿爾卑斯山腳下，德國巴伐利亞最高之城鎮——弗森（Fuessen）東面9公里處。

1885年拍攝的新天鵝堡

1900年拍攝的新天鵝堡

亞南邊的阿爾卑斯山路,連接保留中世紀古城景觀的羅曼蒂克大道,加上首府慕尼黑,便在巴伐利亞境內連成了一條的「國王之路」。儘管工業革命帶來機械化、新科技文明與經濟模式,在19世紀初期的德國還是在浪漫主義的風潮襲捲之下,歷代的國王皆忙著尋找中世紀城堡的舊址,重新修砌並恢復其舊觀。

盧德維希二世的父親麥克斯米連二世(Maximilian II),在年輕時購買了一座城堡廢墟,即舊天鵝堡(1832～1836)。這座城堡建於12世紀,根據中世紀的吟遊詩記載,建造城堡的人應是戍守天鵝之鄉的騎士們。舊天鵝堡在19世紀初的拿破崙戰役裡受到嚴重的毀壞,然而麥克斯米連二世看中了它優越的地理位置而將它買下,並且花了6年的時間以恢復城堡的昔日光景。盧德維希二世的成長歲月幾乎都在舊天鵝堡度過,他的父親對他們兄弟的教育非常嚴格,他安排了許多宮庭教師教導他們有關於文學、藝術等素養,但是唯獨不曾訓鍊他們接觸複雜的政治問題。

盧德維希二世在15歲時欣賞到華格納(Richard Wagner)的「天鵝騎士」(Lohengrin)———一部描述中古世紀天鵝騎士英勇事蹟的歌劇並深受感動。在此之後,王子的家庭老師才帶他在家中的壁畫面前,講述了許多有關天鵝騎士的傳說。

猶如歌劇背景的城堡

新天鵝堡(1869～1886)在盧德維希二世24歲時開始動工,地點就在舊天鵝堡旁邊一座留有兩個舊城廓廢墟的山丘上。設計圖在動工前一年就已完成,畫設計圖的並不是建築家,也不是中世紀城廓的設計師,而是一位來自慕尼黑、名氣響亮的畫家洋克(Christian Jank)。

不過,主導整個建築計畫的仍是盧

遠眺新天鵝堡

德維希二世自己。盧德維希二世小時候也曾學過一點建築學，在蓋城堡的過程之中，他還參考過其它中世紀的城堡，可是耐人尋味的是，這些背景卻極少成為新天鵝堡的具體元素。影響國王構思城堡輪廓與細部裝置的每個想法，幾乎都來自中世紀騎士故事所描述的時空背景。而最常把這些故事具體化的大部分都在歌劇院的舞台上，且在實際上，洋克也是宮廷劇場的舞台設計師。於是，一座猶如歌劇背景的新天鵝堡，就以更夢幻的意象逐步成形。

新天鵝堡方才動工兩年，就有一座因傾慕太陽王路易十四而作的林德霍夫宮（Schloss Linderhof）設計圖，沒多久就出爐，並且在破土的五年之後落成，而這座新天鵝堡卻因為國王一再隨興的更改計畫而未能真正竣工。

盧德維希二世只好時常到林德霍夫宮，品味著路易十四的豐功偉業，然而他卻驚覺宮殿的規模太小，儼然成為凡爾賽宮的縮小版。於是，位於金姆湖

（Chiemee）的海倫島便成為盧德維希二世屬意的新地標，他決定在當地興建一座媲美凡爾賽宮的居所。於是，海倫金姆宮（Schloss Herrenchiemsee）也在1878年破土興建。

未完成之夢

據說海倫金姆宮還不是盧德維希二世所築的最後一座城堡，雖然它與新天鵝堡一樣耗時費資，而且遲遲無法完工。然而盧德維希二世的夢想卻是越築越高，因而超出興建中城堡的先天條件。

所以，盧德維希二世又挑中了一處地勢更為險峻的地方，準備興築第四座城堡，然而這也成為內閣決定以激烈手法逼盧德維希二世下台的導火線。最後，第四座城堡的雛形還尚未面世，盧德維希二世就死在自殺或謀殺的謎團裡。

三座城堡只完成了一座，新天鵝堡蓋了17年，盧德維希二世用它來構築童年時代已然成形的中世紀騎士之夢，只可惜到他臨死之前都沒能完成，而盧德維希二世也只在那裡住了173天。

在談完盧德維希二世建築夢幻城堡的瘋狂行徑，之後，我們接下來談談新舊天鵝堡，以及另外兩座城堡——林德霍夫宮以及海倫金姆宮吸引人的地方吧！

舊天鵝堡

舊天鵝堡是由一座12世紀古堡改建而成。這座新哥德式的鮮黃色城堡，非常具有中古世紀神話的風味。這座城堡的遊客比起新天鵝堡要少的多，然而卻比較真實，因為麥克斯米連二世的皇后——瑪麗，就長期住在這裡，而且盧德維希二世就是在此度過幼年時期，並深受歌劇「天鵝騎士」的影響，才造就他興建新天鵝堡的念頭。

新天鵝堡

新天鵝堡的整體建築設計，是按照1867年「天鵝騎士」在慕尼黑演出時的佈景作為範本。起初，草圖只是一個小規模的哥德式城堡，後來竟然一再修改，變成19世紀浪漫主義的龐大建築。至於內部裝潢，盧德維希二世則要求參考所有華格納歌劇的場景。

除了城堡內隨處可見的天鵝壁畫、木雕天鵝、磁器天鵝裝置品，新天鵝堡內最大特色就是跨越歷史時空的建築藝術總合。從城堡入口處開始，每登上一層階梯、轉換一處廳堂，所見的都是不同時代甚至不同地域的空間設計：圓頭拱、倫巴底帶、拜占庭風格的金色半圓頂聖堂、鋪排在地板上的馬賽克鑲嵌畫，轉而為哥德式雕刻的生活起居室。經過一道人工鐘乳石洞窟，會突然見到電燈與旋轉

遠眺舊天鵝堡　　　　　　　舊天鵝堡與新天鵝堡隔山相對

彩燈裝飾其間。最後在歌手大廳堂裡，你會有一種錯覺：好像走入歌劇的舞台。據說盧德維希二世住在新天鵝堡的173天當中，從沒使用過這個表演大廳，直到1933年慕尼黑為紀念華格納逝世50週年紀念，才在此地舉行第一場音樂會。

　　盧德維希二世在位時，城堡內的作工均極盡精雕之能事，但是在盧德維希二世去世後，所有工程突然中止，直到後人續建時也失去一貫的品味與講究。例如，原本大廳堂的寶座是準備以黃金與象牙打造的，後來變成了白晃晃的大理石，倒像是夢幻與平實的強烈對比。

　　與盧德維希二世的其他兩座城堡不同的是，新天鵝堡的外在造形，突破了巴洛克或洛可可等具時代潮流的建築風格，加入了更多的想像與創意，這也是為什麼新天鵝堡從外觀就給人童話夢境感覺的原因。國王在自己的中世紀城堡旅行裡帶回來的圖樣，似乎全未在新天鵝堡

起作用，這點令人有點意外，卻也符合了國王編夢的特質。

　　而新天鵝堡至今尚未完成，從奢華的程度就可以猜想當時的耗資可觀。根據估計，盧德維希二世至少花了600萬馬克在新天鵝堡上，遠遠超過他可以負擔的程度。在他死時，新天鵝堡仍有63個房間尚未完工。據說，盧德維希二世曾經下令，在他死後要將城堡毀掉，絕不開放民眾參觀。然而就在他死後兩個月，新天鵝堡便對外開放，如今，每年可吸引兩百多萬名的遊客，成為德國最著名的景點，也為德國賺進無數的外匯。這應該是當初盧德維希二世所始料未及的。

林德霍夫宮

　　盧德維希二世在1869年到1879年間建造這座城堡，此處原為巴伐利亞歷代國王打獵的森林區。林德霍夫宮融合了文藝復興及巴洛克、洛可可，甚至拜占庭等各種建築風格。城堡內部的擺設裝飾可

林德霍夫宮

以説是極盡奢華，尤其是國王寢宮，精雕細琢的超級大床覆蓋著盧德維希二世所深愛的藍色天鵝絨，巨形的水晶吊燈和俄國的凱薩琳女皇贈送的孔雀石桌等，都教人看得目不暇給。

在庭園部分的設計，無論是水池噴泉、階形瀑布或者花園圍籬，皆深具義大利別墅花園的風格，只能讓參觀的人一再地讚嘆。階形瀑布利用宮殿後方奔流而下的水力來啟動噴泉，每隔一小時，噴泉會自動啟動，其水柱比林德霍夫宮還高。

在庭院中，有許多造景都是為了配合華格納的歌劇而建，充滿了戲劇藝術的想像空間。

海倫金姆宮

因為金姆湖上有兩座島，分別以男島Herren及女島Dame命名，而海倫宮就建於男島上，故由此得名。這是盧德維希二世在1873年買來興建豪華皇宮的小島。由於在1867年當他前往巴黎參觀凡爾賽宮後，念念不忘的要找一個小島蓋一棟媲美凡爾賽的宮殿。海倫金姆宮在

1878年開始動工，1886年竣工，總共花費了2千萬馬克，使其國庫幾乎告盡。

從入口的盧德維希雕像幾乎緊貼著天花板的太陽王標幟，沿著階梯步上二樓，每個房間都小小的，完全沒有皇宮應有的寬敞與大氣。每個小小的房間又似乎都塞進了大兩倍空間才適合容納的家飾與裝置品，可以從中細看每個大小角落都是精雕細琢的藝術精品，尤其以盧德維希二世最引以為傲的，是仿凡爾賽宮的「鏡廳」。盧德維希二世可以在那裡舉行音樂會和舞會。44座燭台和30座反射台，同時點燃1800根蠟燭，會顯現出奇異的絢麗效果。雖然金璧輝煌，卻也讓人透不過氣。

在盧德維希二世於1886年辭世時，海倫金姆宮的工程還沒有完成，但是花費卻已超過新天鵝堡和林德霍夫宮的總和。其中的國王寢室內的大床有3公尺，寬2.6公尺，所用的床被需要30多個工人，耗時7年才能完成。

雖然盧德維希二世的一生在當時頗受爭議，而其所統治的國家巴伐利亞也臣服於普魯士王國，但由於盧德維希二世特殊的氣質與在位時所建的三座城堡，卻使其成為歷史上當今德國巴伐利亞人民心目中最受喜愛的國王。

寧芬堡宮，為巴伐利亞統治者的夏宮

圖為NASA拍攝的東非大裂谷湖泊群中的坦干依喀湖

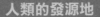

人類的發源地

東非大裂谷

六千多公里的地表裂口

　　從中東到非洲南部的一道裂縫將地殼分裂開來，而在這條大裂谷當中，挖掘出目前現代人已知的最早人類祖先的頭骨化石。在這條大裂谷的兩旁，分布著一些世界上

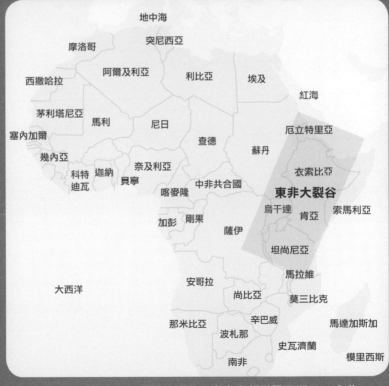

地中海

摩洛哥　　突尼西亞

西撒哈拉　　阿爾及利亞　　利比亞　　埃及

　　　　　　　　　　　　　　　　　　　紅海

茅利塔尼亞

塞內加爾　　馬利　　尼日　　　　厄立特里亞

　　　　　　　　　　查德　　蘇丹

幾內亞　　　　　　　　　　　　衣索比亞

科特　迦納　奈及利亞　　　　東非大裂谷
迪瓦　　貝寧　　中非共合國

　　喀麥隆　　　　　　烏干達　肯亞　索馬利亞

　　加彭　剛果　薩伊

　　　　　　　　　坦尚尼亞

　　　　　　　　馬拉維

大西洋　　安哥拉

　　　　尚比亞　　莫三比克

那米比亞　辛巴威　　馬達加斯加

　　波札那　　史瓦濟蘭

　　　南非　　　　模里西斯

東非大裂谷是世界最長的裂谷，東支南起希雷河河口，向北越過紅海至死海北部，全長約6400公里。

東非大裂谷北部的叉形，圖片中央是埃及西奈半島，上方是死海和約旦河

最高的火山，此外，地球上最大的湖泊也在這個區域。這道裂口便是今日大家所熟知的東非大裂谷（Rift Valley）。

大約在1200萬年前，持續的地質構造力量使非洲東部發生了進一步的變化。沿著當初地殼裂開的那條線，逐漸形成從南到北的長而彎曲的大裂谷，稱為「東非大裂谷」。東非大裂谷南起莫三比克，向北經坦桑尼亞分成東西兩支；東支向東北，經埃塞俄比亞直達紅海；西支則向西北，經烏干達進入蘇丹。

大裂谷的形成產生了兩種生物學效應，一是形成了阻礙動物群東西交往的難以超越的屏障；二是進一步促進了鑲嵌性生態環境的發展。其寬約100公里，從周圍的高原到谷底的峭壁，便高達450到800公尺。由北方的敍利亞到南方的莫三比克，東非大裂谷穿越過二十個國家，綿延6750公里。延著東非大裂谷以下，地殼持續不斷的運動，使得河川湖泊變得更為廣闊，更使得此一裂谷更為加深。

科學家們推測，火山活動頻繁的東非大裂谷的「傷口」將越來越大，最終變成海洋，正如今天的紅海一樣。如果東非大裂谷最終變成海洋，其結局將類似當初非洲和美洲板塊的分離。科學家估計，東非大裂谷最終變成海洋可能還需要數百萬年時間。

此外，東非大裂谷其實並不是「谷」，這是因為在整條裂谷當中，有著高原與高山聳立著，沿著這條裂谷而將高山走勢充分的顯現出來。東非大裂谷起自敍利亞，並形成約旦河谷與死海。

南猿的發現

在1959年，英國的考古學及人類學者發現，在190萬到170萬年前的岩層中，此地出土的是一種叫「南猿」的人類化石。南猿的腦容量很小，只有現代人的三分之一，但是從後腦的形狀可以看出其是以雙腳直立行走的，而不像一般的人猿一樣用四肢行走。

由於迄今所發現的最早的人科成員都出自非洲東部，因此現在絕大多數的

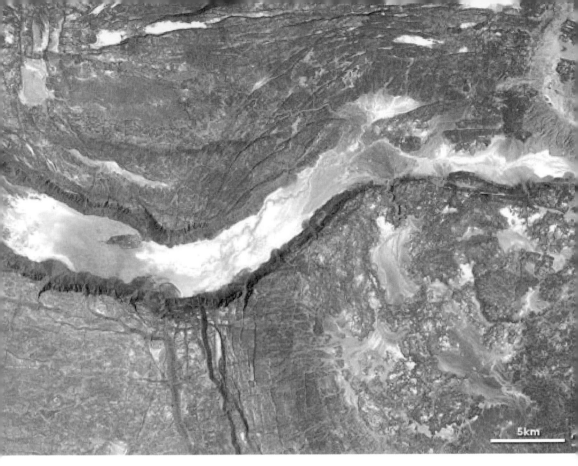

東非大裂谷衛星攝像圖

人類學家都相信，最早的人類起源於非洲。那麼，為什麼最早的人類化石都發現於非洲東部呢？那個時候的非洲，究竟發生了什麼事情呢？

地質學和古生物學的研究告訴我們，1500萬年前，整個非洲從西到東覆蓋著一整片廣大的熱帶雨林。這裡是靈長類的天堂，居住著形形色色的猿猴，與現在的情況相反，那時猿的種類遠遠超過猴的種類。

後來，由於地質運動的緣故，使得原本的環境發生變化。非洲大陸東部的地殼，沿著紅海、埃塞俄比亞、肯亞、坦桑尼亞等地呈一線狀裂開，地殼深層的熔岩斷斷續續地湧出地面。熔岩湧出、冷卻、再湧出、再冷卻……，結果，埃塞俄比亞和肯亞的陸地慢慢地升高，形成了海拔270多公尺寬闊的高地。這樣的寬闊高地形成之後，不僅改變了非洲的地貌，同時也改變了非洲的氣候，使得過去由西向東，富含水汽、均勻流動的氣流受到阻礙。結果，高地東部因水汽被阻隔而成乾

納庫魯湖，是肯亞的一個湖泊，為東非大裂谷湖泊之一。

旱少雨的地區，從而失去了熱帶雨林生長的條件。從此，非洲熱帶雨林在東部開始分裂成一片片的樹林，樹林之間由稀樹草原和灌木叢所鑲嵌。

正是由於這種環境的力量，人類和現代非洲猿猴的共同祖先便自然地分開。這些共同祖先留在非洲西部的後裔仍然依照適應於熱帶雨林中生活的方向緩慢地發展，到了今日就形成了現代的大猩猩和黑猩猩；相反的，這些共同祖先留在非洲東部的後裔中的一支，在開闊地面這樣一種新生活的選擇壓力下，開創了一套全新的技能，即兩足直立行走以及一系列的適應，這就是人類；而在同時，大多數曾繁盛於1500萬年前的非洲猿類卻由於環境的改變而滅絕。

兩足直立行走對於人類的起源與進化具有特別重要的意義。人類和非洲大猿的共同祖先是生活在古老的非洲熱帶雨林中，因此早已適應在樹枝間爬上爬下的垂直性運動。他們偶爾會到地面上，但還並不像今天的黑猩猩那樣以指關節來著地行走。

人類起源於東非

當東非大裂谷形成後，非洲東部氣

候變得乾旱，熱帶雨林被廣闊的熱帶稀樹草原所取代。人類的祖先並不是一下子就能完全適應所有一切變化，他們仍然要在樹林中取食和睡眠，他們的食物的大部分依然依賴樹林。但是，熱帶稀樹草原的環境已經不允許他們再像過去那樣老在林子裡的大樹上爬上爬下，他們需要經常地從一片樹叢轉移到另一片樹叢中去。

轉移時必然要通過地面，這就增加對地面有效行動的要求，由於已適應在樹上爬上爬下的垂直性運動方式，進化的不可逆性決定了他們在下到地面後不可能再像貓、狗、牛、羊那樣四條腿行走和奔跑，這時，兩足直立行走就成為最為有效的運動方式，其優越性顯然遠遠大於黑猩猩那樣的指關節行走方式。

人類起源前後那段時間裡發生在非洲東部的事情正是這樣的。早在1960年代，荷蘭古人類學家科特蘭特就已經認識到了；經過一段時間的冷落，1994年，法國人類學家伊夫·柯盤斯又重新認識了這樣的歷程，這就是現在已為大多數科學家承認的所謂的「關於人類起源於東非的故事」。

接近巴西瑪瑙斯的亞馬遜流域空拍圖

地球最大基因庫

亞馬遜河

濫伐的雨林浩劫

　　亞馬遜河的自然資源非常豐富，物種繁多，生態環境複雜，生物多樣性保存完好，被稱為「生物科學家的天堂」。然而，亞馬遜熱帶雨林卻沒有因為它的富有而得到

亞馬遜地區是世界上最大的熱帶雨林區，占地球上熱帶雨林總面積的50％，650萬平方公里的熱帶雨林，其中有480萬平方公里在巴西境內。

人類的厚愛。人們從16世紀起開始開發森林。1970年，巴西總統為了解決東北部的貧困問題，做出開發亞馬遜地區的決策，這個決策使此區每年約有8萬平方公里的原始森林遭到破壞。1969到1975年，巴西中西部和亞馬遜地區的森林被毀掉了11萬多平方公里，巴西的森林面積同400年前相比，整整減少了一半。

熱帶雨林就像是一個巨大的吞吐機，每年吞噬全球排放的大量二氧化碳，又製造大量的氧氣，亞馬遜熱帶雨林由此被譽為「地球之肺」，如果亞馬遜的森林被砍伐殆盡，地球上維持人類生存的氧氣將減少三分之一。

熱帶雨林又像是一個巨大的抽水機，從土壤中吸取大量水分，再通過蒸發，把水分散發到空氣中。另外，森林土壤有良好的滲透性，能吸收和保留大量

1990年拍攝的亞馬遜流域衛星照片

的降水。而亞馬遜熱帶雨林區儲存的淡水占地表淡水總量的23%。森林的過度砍伐會使得土壤侵蝕、土質沙化，並引起水土流失的問題。巴西東北部的一些地區就因為毀掉了大片的森林而變成了巴西最乾旱、最貧窮的地方。而在秘魯，由於森林遭到破壞，1925到1980年間就爆發了4萬3千次較大的土石流以及193次滑坡，直接死亡人數達4.6萬人。目前，每年仍有0.3萬平方公里土地的20公分厚的表土被沖入大海。

生態系統之冠

除此之外，森林還是個巨大的基因庫，地球上約1000萬個物種中，其中就有200～400萬種生存於熱帶、亞熱帶森林中。由於在熱帶雨林生態系統的生物量、生物數目及品種數量，都是佔各生態系統之冠，然而特別的是，相同的屬種並不會成群分布。茂密的森林提供了不同的居住環境和食物，而動物的活動，也幫助了植物的繁殖和生長。

熱帶雨林的生態環境，在很大的程度上是由光造成的，基於對光線的不同需求，造成各物種不同的生存空間。熱帶雨林豐富的物種是環境穩定發展的結果，這種氣候與季節的穩定，導致物種在狹窄的生態環境中得以適度分化，而穩

定的時間維持愈長，分化的程度就愈高，發展的種類就愈多。

　　熱帶雨林終年有大量的植物食料供應，所以一般動物均可在很小的空間內找到足夠的食物，物種間的競爭較小。又因植物食料多是高懸樹上，所以動物身體較為細小，而且動作敏捷，以方便攀援爬高，或在枝間穿插。熱帶雨林的動物數不勝數，而且色彩繽紛。各種動物如猴子、樹獺、爬蟲類和鳥類，大部分棲息在各層喬木之間。單一的生活空間及獨特的食物，令整個雨林生態系統變得脆弱：當雨林的一小角受到破壞時，大量生物也將會無法生存。

　　而在亞馬遜河流域的僅0.08平方公里左右的取樣地塊上，就可以得到4.2萬個昆蟲種類，亞馬遜熱帶雨林中每平方公里不同種類的植物達1200多種，而地球上動植物的五分之一都生長在這裡。然而由於人類對熱帶雨林的砍伐，那裡每天都至少消失一個物種。有人預測，隨著熱帶雨林的減少，數十年後，至少將有50

火災和伐林後的亞馬遜森林衛星圖

到80萬種動植物種滅絕。雨林基因庫的喪失將成為人類最大的損失之一。

　　在大致瞭解熱帶雨林的重要性之後，我們再來瞭解熱帶雨林減少的主要原因吧！

　　熱帶雨林的減少主要是由於燒荒耕作、過度砍伐、過度放牧和森林火災等，其中燒荒耕作是首要原因，占整個熱帶森林減少面積的45％。在墾荒過程中，人們把重型拖拉機開進亞馬遜森林，把樹木砍倒，再放火焚燒。熱帶雨林的減少不僅意味著森林資源的減少，而且也意味著全球範圍內的環境惡化，因為森林具有涵養水源、調節氣候、消滅污染及保持生物多樣性的功能。而南美亞馬遜河流域堪稱熱帶雨林的代表，由於亞馬遜河流域橫跨赤道南北，是世界最大的河流，雖然表面覆蓋林木，大部分地區還是貧瘠的，只有4％經常為水淹沒的沼澤區域有沃土生育。

　　亞馬遜河不僅是一條河流，它其實是集合了1100條支流交織而成的一片森林。熱帶雨林裡的河川便是通道，而赤道正好經過亞馬遜河口。赤道以北的地

亞馬遜流域衛星照片

圖可以看見厚厚的煙霧籠罩森林，此為砍伐森林之後果

區，雨季在三月至七月，赤道以南的則在十月至翌年一月，因此河水會此漲彼落，先北後南。河水廣及河岸兩側，浸沒離岸80～100公里內的植物，形成淹沒森林。淹沒森林的部分樹木因根部缺氧而暫時窒息，宛如乾枯的樹枝一般，水退之後，才會漸漸的長出嫩葉而復甦。而地球上發生森林火災最頻繁的地區小是亞馬遜河流域，通常發生在乾季期間，火災會持續延燒六到十個星期左右。所以如果過度開發，即使亞馬遜河地區有自行恢復的能力，還是趕不上人類砍伐、焚燒的速度。

過度砍伐的情形並不僅僅發生在亞馬遜河地區，而是全世界的雨林區都有這樣的情形。如果再不制止這樣的過度砍伐等情形，再過數十年，全球的氣候將會逐漸惡化，導致動物無法繼續生存下去！

氾濫的亞馬遜流域衛星圖像

美國大峽谷為河蝕地形

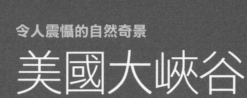

令人震懾的自然奇景

美國大峽谷

神奇的大峽谷魅力

　　舉世聞名的美國大峽谷，是大自然鬼斧神工的偉大傑作。走進這神秘而變化莫測的境地，誠如首位探測者的日記所言：我們現在要開始走入一個未知的領域……。羅馬不是一天造成的，所以自然界的奇景也並非一蹴可幾。在大自然裡存在著許多人類無法抗拒或征服的力量，正無時無刻用著鬼斧神工的魔力，創造令人震懾的自然景觀。

美國大峽谷全長277哩、寬18哩、深1哩，位於科羅拉多高原（Colorado），即位於亞利桑那州（Arizona）的西北部。它是屬於科羅拉多河舊河谷的一部分。

大峽谷的美景讓人不能不由衷讚嘆

位於美國科羅拉多高原的大峽谷，一直被譽為八大奇觀之一，也是一條旅遊的黃金熱線。由於它的變幻莫測，那令人無法捉摸的神秘感，促使人們趨之若鶩的想要身歷其境，感受那自然奧秘。究竟大峽谷具有何種神奇的魅力，讓人們可以不顧地勢的險惡及自身安全，仍想一窺究竟呢？

峽谷形成過程長達百萬年

在進入舉世聞名的美國大峽谷之前，先來瞭解一下峽谷的形成原因，可更進一步的認識大峽谷奇景的形成。基本上，峽谷是屬於河流地形中的河蝕地形。由於河流湍急的流水沖刷侵蝕河道，使得河床中的沙石岩屑受急流的沖刷，不斷地滾動而磨蝕河床基岩，使其

大峽谷景色讓人肅然起敬

壯闊浩瀚的大峽谷

加深。加上兩旁岩石風化、受侵蝕的速度較其緩慢（即下蝕力大於側蝕力），日積月累之下，便形成又深又長、兩壁陡峭的斜坡或垂直峭壁的狹長深谷。

而地表的上升或傾斜，也是形成峽谷的條件之一。由於河流的回春作用，侵蝕基準下移，讓流水的侵蝕力復活，下蝕力恢復，使得原本流速緩慢的河流變成激流，迅速挖深河道，沖蝕基部。再從峽谷形成的速率而言，有些只需要幾千年便可形成，有些則需經過千百萬年才能演化成今日的面貌，這就與河水的流速、流量、挾帶的岩層及其基岩的硬度等因素有關，如頁岩河床就比花崗岩河床易受侵蝕。其實，不論河床剝蝕的速度有多快，峽谷的形成過程仍是緩慢得令人難以想像。

由於峽谷的形成過程不盡相同，所造成的景緻也會有所差異。如中國由長江沖蝕而成的長江三峽，江岸峭壁聳立，也是名聞遐邇的峽谷地形；台灣的太魯閣峽谷更是愛好自然景觀的人極欲探訪的勝地。可見千變萬化的峽谷地形，是天然景緻中最受人們所青睞的！但在眾多峽谷中，獲得最多掌聲及讚嘆聲的，莫過於美國的大峽谷。

豐富的視覺饗宴

位於美國亞利桑那州北部的大峽谷，大體上由東向西，形狀像一條巨蟒蟄伏其中。根據印第安人的傳說，大峽谷是在一次洪水中所造成的，當時上帝把人類變成魚，使其倖免於難，因此這一帶的印第安人至今仍拒絕吃魚，此一傳說更增添了大峽谷的神秘色彩。而在眾說紛紜的形成傳說中，以發源於科羅拉多州落磯山脈的科羅拉多河呼嘯而下、侵蝕而成的說法，最為世人採信。

陡峭險峻的大峽谷

科羅拉多河為西班牙發音，原意為「紅河」，這是由於河中挾帶大量泥沙，使河水變成紅色的緣故。而在科羅拉多河及支流的沖刷、侵蝕之下，在上游已經形成了許多峽谷地形，如黑峽谷、峽谷地區、葛林峽谷、勃萊斯峽谷等，最後更於科羅拉多高原上形成舉世聞名的大峽谷後，注入加利福尼亞灣。

而這樣的奇景主要是來自許多不同岩層的美麗色彩所產生的。大峽谷的底部是20億年前所形成的古老片岩和花崗岩，再往上層則是大約在6億年到2億年前形成的沈積岩，包括頁岩、砂岩、石灰岩等。因岩層的種類、風化的程度、時間的演變等因素的不同，自然呈現的色彩面貌亦有所差異，有赤褐、淡紅、深赭、黝黑……等，加以天氣變化、太陽直射或風雨等自然因素，五彩繽紛的色彩，自然增添峽谷風光。

因此，從峽谷頂端往下走，相當於

是一段時光倒流的旅程。沿途所見的岩石，愈接近谷底，年代就愈久遠，鑲嵌在岩石中的化石生命形態也愈原始。而到達峽谷底部時，遠古的片岩和花崗岩則完全沒有化石，這是地球上暴露在空氣中，最古老的岩石之一。

常有人形容大峽谷的美，難以用畫筆或妙筆生花的文字敘述描繪，或捕捉其神韻於萬一。隨著太陽光和大氣變化，大峽谷色彩瑰麗多變，令人目不暇給，而顯示出不可臆測的奧秘，無形中更加深了其神秘氣氛，豐富了視覺的饗宴。

公諸於世的神秘景色

美國大峽谷是於西元1919年威爾遜總統在位時，由美國國會立法，將其定為國家公園。雖然傳説早在1541年時就有西班牙人由印第安人帶路探勘的記錄，但無功而返，而後大峽谷一直是一團謎霧，一則傳奇。直到十九世紀末，美國一位內戰獨臂老兵來此探測後，將大峽谷的神奇公諸於世，大峽谷的聲名才開始遠播各地。而老兵日記中鮮明生動的記載，以及對大峽谷認知的準確度，至今仍被拿來當作沿河旅遊的指南。

大峽谷不僅是美國人的自然資產，

鬼斧神工的大峽谷景色

也是全人類的自然資產。在這裡不僅展示著峽谷壯闊浩瀚的絕勝美景，同時還有自然界那無限的力量，讓人類不由得對大自然肅然起敬。有幸到過大峽谷一遊的人，都不能不由衷地讚嘆，大峽谷的確是地球上的一大奇蹟，它的色彩與結構，特別是那一股氣勢是任何雕刻家和畫家也無法模擬的。

尼加拉大瀑布景色明媚

雷神之水

尼加拉大瀑布

跨國瀑布

　　尼加拉大瀑布（Niagara Falls）是由加拿大及美國所共同擁有，然而需從加拿大這一面才看得到尼加拉大瀑布的全景。兩個國家分享著同一個名稱，居住在此的居民都認為自己是居住在同一個國家的同一個城市。事實上，加拿大跟美國只是象徵性的界線，兩地公民都可以自由來往，不受限制。

　　尼加拉大瀑布是世界上少有的地理奇觀，由於位居兩個高度文明的國家之間，所以周邊的交通，以及軟、硬體設施無不盡善盡美。每年慕名而來的觀光客

尼加拉大瀑布位於加拿大安大略省和美國紐約州交界，尼加拉河（Niagara River）連接伊利湖（Lake Erie）與安大略湖（Lake Ontario），而在尼加拉河道一處形成50公尺的落差，形成著名的尼加拉大瀑布。

冬季的尼加拉大瀑布　　　　　　尼加拉大瀑布空拍圖

更是數以萬計，使得尼加拉大瀑布成為美、加邊界最繁忙的交通孔道。

　　尼加拉大瀑布是源自於伊利湖的湖水，湖水由最南端的和平橋（尼加拉河上連接美、加的四座橋樑之一）開始匯

尼加拉大瀑布發電設施提供了
兩側城市充足的電力

入尼加拉河，在流經56公里長的尼加拉河之後注入安大略湖。在短短的56公里內，兩處湖水的水平面相差99公尺，這其中最主要的就是在尼加拉河中游形成的斷層，在加拿大側形成落差高達52公尺的馬蹄狀瀑布，以及在美國側形成落差21至34公尺不等的瀑布，水流以每秒16萬8千立方公尺的流量造就出尼加拉大瀑布絕世的景觀，所以尼加拉大瀑布是屬於「垂簾型瀑布」。

發電與旅遊

　　然而瀑布充沛的水量不斷的掏空山壁，使瀑布逐年的向後侵蝕，在馬蹄狀瀑布下方水深更達55公尺。1950年之前馬蹄狀瀑布每年平均向後退縮一公尺，因此拯救尼加拉大瀑布的計劃於是開始展開。首先，在1954年於馬蹄狀瀑布上游靠加拿大那一側興建了阻流水柵、2號水流吸入口，以及瀉流隧道。1961年在美國那一側興建尼加拉水力

尼加拉大瀑布是世界上少有的地理奇觀　　　　尼加拉大瀑布還提供遊船的服務

發電計劃設施。藉由尼加拉河充沛的水
流，提供了加拿大側兩百萬千瓦的電
量，美國側兩百四十萬千瓦的電量，此
後的十年裏也達到減緩尼加拉大瀑布侵
蝕至每年30公分的最低程度。

在加拿大側安大略省的多倫多市
（Toranto），是距離尼加拉大瀑布最
近的城市。由多倫多市朝西南方向接往
尼加拉大瀑布的皇后快速道路（路標縮
寫為QEW），大約有137公里之遙，在
一個半小時之內可以抵達。而美國紐約
州的水牛城市（Buffalo）則僅一橋之
隔，驅車20分鐘之內即可抵達馬蹄瀑
布。

由於每年都有成千上萬的遊人湧到
瀑布，所以當地的政府就規劃出以尼加
拉大瀑布為中心的區域為「尼加拉公
園」，設計成一個完善的觀光區域，讓
更多人可欣賞到尼加拉大瀑布的雄偉浩
瀚。

瀑布垂降的景色吸引眾多遊客

身穿古羅馬長袍的自由女神

美國的地標

自由女神像

美國的象徵

　　自由女神像（Statue of Liberty）一直是紐約市以及全美國歷久不衰的象徵。在早期，有許多移民者懷抱夢想踏上美國這塊自由的土地，首先映入眼簾歡迎他們的，便是這座莊嚴聳立的自由女神像。

　　女神像是法國人民紀念美國獨立100週年贈給美國人民的禮物，神像由法國建築家巴索第（Bartholic）設計的。1834年，巴索第出生在法國的一個義大利人

南街漁港
及富頓漁市場

紐約證券交易所

砲台公園

自由女神像

愛麗絲島

自由女神像位於哈得遜河與紐約灣入口處的自由島（Liberty Island）上。

1878年在巴黎博覽會展出的自由女神像頭部

家庭。他從青年時代起就酷愛雕塑藝術，自由女神的形象很早就存在在他的心中。1851年路易拿破崙發動政變推翻第二共和國後的一天，一群堅定的共和黨人在街頭築起防禦工事，暮色蒼茫時，一個年輕女子手持燃燒的火炬，躍過障礙物，高呼「前進」的口號向敵人衝去。波拿巴分子的槍聲響了，姑娘倒在血泊中。巴索第親眼目睹，心情久久不能平靜。從此這位高攀火炬的勇敢女子就成為他心中自由的象徵。

1865年，巴索第在別人的提議下，決定塑造一座象徵自由的塑像。自由塑像由法國人民捐款，作為法國送給美國慶祝美國獨立100週年的禮物。有趣的是，過沒多久，巴索第在一次婚禮上與一位女子邂逅。巴索第認為讓她來為「照亮全球的」自由女神像做模特兒是十分相稱的，而她亦欣然同意了這項要求。在雕塑的過程當中，他們之間產生愛情並結為夫妻。

在1869年，自由女神像的草圖設計完成，巴索第便開始全心全意地投入雕塑工作。他曾到美國旅行，為了爭取美國人對塑像計畫的支持，然而美國人遲遲都沒有意識到。一直到1876年，巴索第參加在費城所舉行的慶祝美國獨立100週年博覽會時，為了引起公眾注意，他便把自由女神執火炬的手於博覽會上展出，這才引起了一場轟動。不久，美國國會便通過決議，正式批准總統提出接受自由女神像的請求，同時確定建立自由女神像的地點。

在1884年的7月6日，法國將自由女神像正式贈送給美國。同年的8月5日，自由神像底座奠基工程動工。10月中旬，自由女神像終於全部竣工。1886年10月28日，當時的美國總統克利夫蘭為自由女神像落成揭幕。巴索第

巴索第設計的自由女神專利

因為其功勳卓著,被紐約市政府封為紐約市榮譽公民,而其所塑造的自由女神像也表達了人民對於自由的熱愛與嚮往。

照耀世界的自由女神

　　巴索第所設計的自由女神像,其雙手各拿著火炬及獨立宣言是為了平衡神像之用,神像的身材取自巴索第之妻,而面部表情則取自其母親。自由女神像高46公尺,連基座共高93公尺,重45萬磅,為銅質。自由女神像內部的

階梯一共354級,直達自由女神像的頭冠,這等於是在攀爬一棟22層樓高的大樓。

　　自由女神像是當時世界上最高的紀念性建築,其全名為「自由女神銅像國家紀念碑」,正式名稱為「照耀世界的自由女神」。整座銅像以120噸鋼鐵為骨架,80噸銅片為外皮,30萬根卯釘裝配、固定在支架上,總重量達225噸。自由女神像內部的鋼鐵支架是由建築師約維雷勃杜克和建造巴黎艾菲爾鐵塔聞名於世的法國工程師艾菲爾所共同設計製作的。

　　自由女神像頭冠上的七道光芒,象徵著全世界七大洋以及七大洲。自由女神像座落的位置,正面朝向海洋,而背面朝向紐約市,所以遊客若是從紐約市遠觀,只能夠看到她的背影。自由女神像的雙唇緊閉,頭戴光芒四射的冠冕,身穿羅馬古代的長袍,右手高執長達12公尺的火炬,左手緊抱一部象徵《美國獨立宣言》的書板,上面刻著宣言發表的日期為「1776.7.4」字樣。自由女神像腳上還留著被掙斷了的鎖鏈,象徵暴政統治時期已被推翻

　　花崗岩構築的神像基座上,鐫刻著美國女詩人埃瑪‧娜莎羅其一首膾炙人口的詩:

自由女神像代表了美國的自由精神

送給我吧！你那些疲乏的和貧困的擠在一起渴望自由呼吸的大眾；你那熙熙攘攘的岸上被遺棄的可憐的人群；把那些無家可歸的、飽經風霜的人們一起送給我。我站在金門口，高舉自由的燈火！

代表城市的歷史雕塑

自由女神像的底座有電梯可以直達頭頂，之後再經過自由女神像體內的168級階梯，遊客可以來到自由女神像的頭頂。為了遊客的方便，每隔三節的旋梯就設置一些休息座，提供一些不能一口氣登上頂層的遊客稍作休息。皇冠處可以同時容納30人觀覽，在四周則開有25個小鐵窗，每個窗口高約1公尺。透過窗口向外遠眺，東邊可以見到有「鋼鐵巴比倫」之稱的曼哈頓島上的高樓大廈林立；南邊的紐約灣一望無際，波光船影相映；北邊的哈得遜河透

愛德華·莫蘭所畫的自由女神

自由女神頭戴光芒四射的冠冕

迤伸向遠方。

從皇冠處向右走，還可登上自由女神像右臂高處的火炬底部，這裡則可容納下12人憑窗遠望。不過因為安全的因素，現已不再對外開放。自由女神像的基座是一座大廳，在1972年時，美國將其開闢為移民博物館。館內設有電影院，為遊客放映美國早期移民生活的影片。

另外，法國巴黎也有自由女神像。

巴黎的自由女神像，是美國在法國革命100週年，所致送的回禮。雖然比紐約那個要小很多，可是它卻昂然聳立在塞納河的告魯尼路橋旁邊。

自由女神像之所以能夠在眾多的城市雕塑中脫穎而出，進而成為紐約的代表（在某種意義上是美國的象徵）的原因，主要是由於它代表了城市的歷史與精神，也道出了城市人民美好的、向上的理想與願望。

美國黃石公園

大地為之顫抖的間歇泉

　　1872年，美國總統格蘭特簽字同意在懷俄明州開闢黃石國家公園，於是美國第一個、也是世界上第一個由政府主持開闢的國家公園誕生了。目前美國有36所國家公園，黃石國家公園是其中最大最著名的一個，它地處懷俄明州的西北角，並延伸至愛達荷與蒙大拿兩個州。在這個龐大的公園裡，遊客可駕車長驅直入。

黃石公園位於美國蒙大拿州、愛達荷州，以及懷俄明州之間。1872年，是世界上第一個國家公園。

「黃石」（Yellowstone）之名源自於印地安語，是用來稱呼公園裡最大的河流。黃石公園裡最著名的勝景為間歇泉，在美國建國初期，西部流傳著傳說：「沸騰的湧泉噴射得比大樹還高，而湧泉聲響之巨大，連大地也為之顫抖；湖面上形成了斑斕的泡沫，並且有層層瑰麗色彩的分布。」

傳說一直流傳至今，而間歇泉仍然持續不斷的噴發。世界上最壯觀的間歇泉分布於冰島和美國懷俄明州洛磯山脈高原上的黃石公園。黃石公園裡至少有一萬個間歇泉、沸騰的泥噴泉和噴氣孔。

1804年拍攝的黃石公園瀑布

間歇泉的成因

間歇泉的形成需具備幾個條件，即強勁的熱源；岩層間有狹窄通道，而且通道四壁必須夠堅硬以抵抗噴泉的爆發力；充足的水源。

湧泉的熱源來自大陸中心的熔岩，而黃石公園的熔岩距離地表僅約為5公里。公園裡的降雨、融雪透過岩石的孔洞滲到地下約1500公尺處。在高壓高溫之下，水溫始終高於沸點。

在地下水源的流動中，靠近地表的水轉變成水蒸氣，便和上端的積水形成一條水柱向上噴發。在一連串的循環下，便維持著泉水的間歇噴射，直到岩層內部氣流耗盡。而間歇泉與溫泉的主要差別，在於泉水的溫度。如果熱度與壓力足以產生水蒸氣，噴發出來的便是間歇泉。

黃石公園占地3472平方英里，間歇泉與溫泉遍佈在岩層裂縫之上。黃石公園的間歇泉所產生的熱量，使得這裡的冬天也變得適宜動植物的生長，且河水終年不結冰。所以，在間歇泉附近成為動物聚居、植物生長的地區。

老信徒泉是黃石公園裡最著名的間歇泉，其著名原因在於噴發的定時性，這是公園內其他間歇泉不能相提並論的。雖然老信徒泉的噴發沒有其他間歇

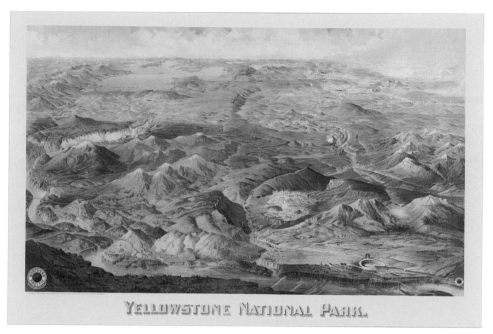

1904年的黃石公園寫真圖

泉來得高聳，也不是最美的天然噴泉，但老信徒泉仍是黃石公園中著名的景點。然而，老信徒泉的噴發並非像時鐘那樣準確，以往是每60或65分鐘噴發一次，而今規律性已大不如前。有時間隔30分鐘噴發一次，有時隔90分鐘。不過每次噴水時都會有預兆，先來一陣短促的噴發，然後再慢慢的升起一條水柱。不過這樣的奇景只維持在2至5分鐘，但在其噴水量上卻高達1萬2千加侖。

老信徒泉的噴發雖然不是那麼準確，卻已經很難得了。由於滲入地下的

水量或地下岩層溫度的變動，會直接影響到間歇泉噴發的規律，甚至可能因為地層變動而導致間歇泉不再噴發。所以，並不是每個間歇泉都會有噴發的跡象。而其中不能噴發的間歇泉中，最引人注目的就是硫磺泉。

硫磺泉大多數只能排出少量的泉水，但是在噴口周圍卻堆積著層層鮮黃色的硫磺。老信徒泉位於一個圓丘的中央，圓丘是由間歇泉噴出的礦物質堆積而成。泉水中含有礦物質，俗稱「硬水」，而噴泉口底部也是這樣的情形。公園裡有些間歇泉堆積的礦物質結成了

每隔數十分鐘便噴發一次的老信徒間歇泉

奇岩異石,形狀百出。

堆積物上可以看到各種瑰麗色彩的線條,主要是由於泉水包含各種不同的礦物質,不過有些色彩是由在高溫下生存的水藻所染成的。所以在黃石公園裡值得觀賞的部分,除了間歇泉的噴發之外,還可以看到因礦物質堆積形成斑斕瑰麗層層色彩的奇特景觀。

生態環境

黃石國家公園中還有3000多處溫泉,是供人們休養的理想處所。在這些溫泉中,最馳名的要數曼摩斯溫泉了。它日夜不息地湧流,溫度高達71度。令人驚異的是:它的沈澱物冷卻後形成白色的結晶體,像大理石一樣晶瑩潔淨,十分惹人喜愛。

黃石國家公園還有一個引人注目的

黃石公園冬天的景色

地方，就是位於公園中心的黃石湖。它是全國最大的山湖，又是密西西比河的發源地。黃石湖水清澈見底，湖水經過一個缺口而流入黃石大峽谷，呼嘯而下，形成著名的黃石大瀑布。

另外，黃石國家公園更以熊為象徵。園內約有200多頭黑熊，100多頭灰熊，在路邊常常可以看到一隻大熊帶著一兩隻小熊，擋住遊人的汽車伸手乞食，那種滑稽的樣子，令人愛憐。可惜熊的數量日漸減少，政府不得不採取措施對牠們嚴加保護。此外，園內還有各種野生動物。據統計有1萬多頭大角鹿、1000頭麋鹿、600多頭野牛。較小的飛食走獸，更是種類繁多，處處可見，為遊客增添了不少情趣。

大堡礁沙灘美景

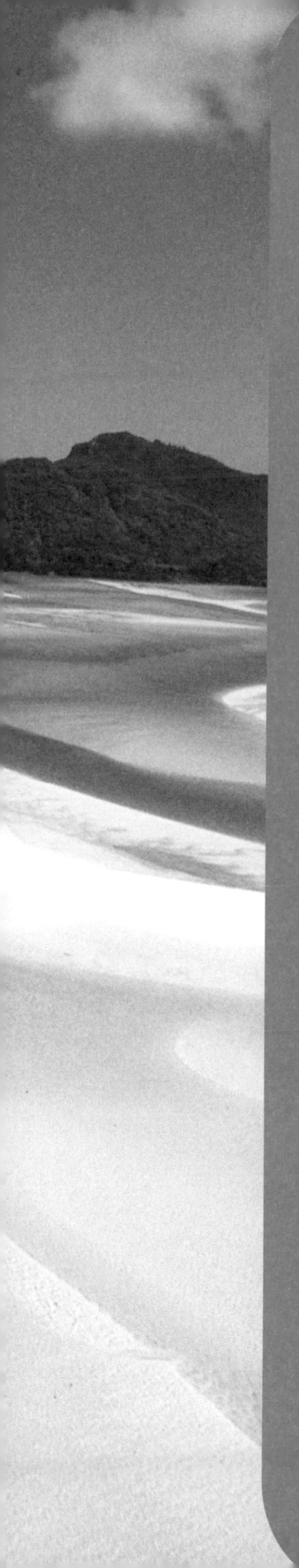

最大的珊瑚礁群

澳洲大堡礁

珊瑚的形成

在進入珊瑚礁群的主題之前，我們先來瞭解珊瑚的形成過程。珊瑚看起來像植物，實際上是海洋裡的一種動物。一個珊瑚往往是成千上億個珊瑚蟲的群體。活的珊瑚，在海水中五光十色，色彩鮮艷奪目，稱為海底之花。我們日常所見到的白色珊瑚，是珊瑚

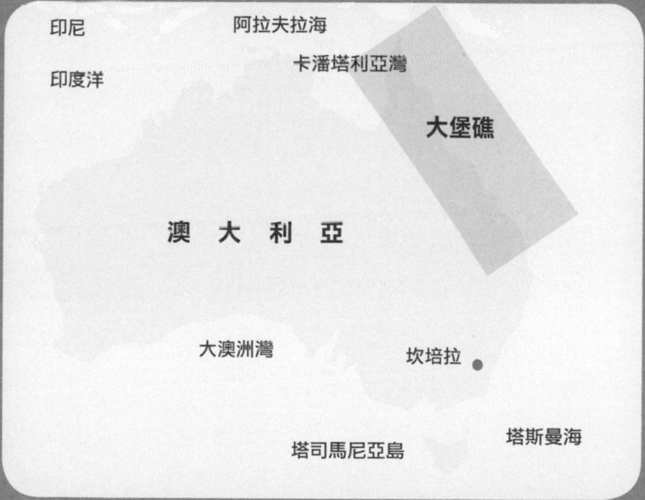

印尼　　　　阿拉夫拉海

印度洋　　　卡潘塔利亞灣

大堡礁

澳　大　利　亞

大澳洲灣　　　坎培拉

塔司馬尼亞島　　　塔斯曼海

大堡礁並非是一個島嶼，而是由2900個獨立礁體、及900個島礁所形成的珊瑚礁區，範圍北起澳洲的約克角（Cape York），南到南回歸線以南的伊莉特夫人島（Lady Elliott Island），總長2200公里，寬約50至260公里不等，總面積35萬平方公里。

大堡礁已成為世界著名的海洋樂園

死後留下的殘骸與骨骼。

珊瑚蟲很小，要在顯微鏡下才能看得見它沒有眼睛、鼻子，靈敏的觸手是它的感覺器官。牠們的觸手會隨著水流慢慢漂動，自由地伸縮，捕捉附近的浮游生物和碎屑。當珊瑚蟲受到驚嚇時，會立刻將觸手縮回藏起來。在四周觸手的中央，有一個小口，是珊瑚蟲的嘴，嘴進去就是一根直腸子，沒有食道和胃，珊瑚蟲會把消化後的殘渣，再經由嘴吐出來。由於珊瑚蟲的肛門和嘴不分家，所以叫它低等動物，實在是不冤枉。

珊瑚的繁殖是採分裂的方式，其速度非常驚人。有的珊瑚蟲進行有性生殖，通過精卵結合，由嘴排出，隨水漂流，遇到合適的地方，便附著發育成珊瑚蟲，然後逐漸成長為群體。群體珊瑚的繁殖速度很快，老的不斷死去，留下骨骼，成為礁石；新的珊瑚蟲，就在前輩遺留下的骨骼上繼續攀登。就這樣，一座座的珊瑚礁石便慢慢的形成。大堡礁和其他環礁、島礁，也都是經過這樣的歷程。

但並不是所有的珊瑚都能造礁，只有體內含有石灰質的珊瑚，如石珊瑚

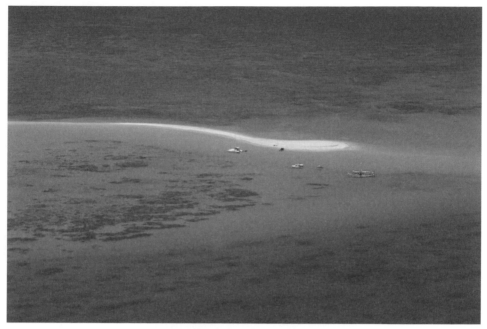

大堡礁有世界最大的珊瑚海

等，才有這種本領。現在的珊瑚海，還保留了那麼多的珊瑚礁，這說明在造礁的年代，這裡不僅有大量的造礁珊瑚，還有旺盛的蟲黃藻在這裡繁殖生長。它們的成功合作，才使珊瑚海如此絢麗多彩。

珊瑚海

在南太平洋，澳大利亞、巴布亞紐新幾內亞、索羅門群島、新赫布里底群島、新喀里多尼亞島及南緯30度線間，有一個海叫作珊瑚海。珊瑚海北接索羅門海，南連塔斯曼海，面積近500萬平方公里，是太平洋的邊緣海。眾多的環礁島、珊瑚石平台，像天女散花，似繁星點點的散落在廣闊的洋面上，因此得名為珊瑚海。珊瑚海地處熱帶，水溫終年在18-28℃間。這裡的風速小，海面平靜，水質潔淨，有利於珊瑚生長。

珊瑚海以眾多的珊瑚礁而著名。這裡座落著世界最大的三個珊瑚礁群，就是大堡礁（Great Barrier Reef）、塔古拉堡礁和新喀里多尼亞堡礁。其中，大堡礁最大，位於澳大利亞東北部，離岸最近的地方只有16公里，最遠則達

240多公里。大堡礁像一條長帶斜臥在那兒，長達2000多公里，東西最寬處達150公里，面積約8萬平方公里。大部分的礁石隱沒在水下，露出海面的成為珊瑚島。500多個珊瑚島，星羅棋布散落在900多平方公里的海面上，守衛著澳大利亞的東北海防。

被生物研究人員稱為「海中的熱帶雨林」的大堡礁，為各種形形色色的生物體提供一處良好的棲息地，根據統計，這裡約有400種珊瑚、1500種魚類、4000種軟體動物、6種海龜和29種海鳥。其中珊瑚礁的型態種類繁多，依其大小、形狀及與陸地的關係，約可分為裙礁、環礁、塊狀礁、帶狀礁、珊瑚灘等幾種

同樣的，珊瑚礁的種類屬種更是難以數計，光是外觀顏色就七顏六彩，種類更細分不同科、屬、種，又有菊珊瑚、傘軟珊瑚、紅扇珊瑚……等。而依附珊瑚礁群生活的海中生物，如大型馬林魚、蝶魚、桂魚、海馬、海豚、老虎鯊……種類更是繁多。也無怪乎大堡礁每年招徠無以計數的觀光客慕名而來。

海洋樂園

1979年，澳大利亞將大堡礁闢為海洋公園。在較大的島上，還建有機場、港口，使得絡繹不絕的遊客，來去相當的方便。人們在這裡划船、游泳，進行日光浴和沙浴。人們還可以坐在裝有玻璃船底的遊覽艇裡，飽覽奇妙的海底世界。千姿百態的魚蝦，色彩各異的海貝，令你大飽眼福。身披紅綠彩帶的鸚鵡魚在吞咬珊瑚；水晶般透明的喇叭魚在水面忽東忽西；大海龜在陌生人面前也毫不恐慌；水下的珊瑚世界，在陽光照射下，顏色絢麗多彩；或樹枝狀，或人腦形，或如柳條，或如花朵，千姿百態，令人神往。

而目前每年到此旅遊觀光者高達200萬人，大堡礁頓時成為一個著名的海洋樂園，可是大量觀光客隨意採摘珊瑚，已使珊瑚礁受到嚴重損害，同時由於陸地農田污水的流入，一些有害化學殘留物玷污了環礁水域，再加上淺海航道上的漏油沉船事故頻發，造成大面積海域的污染，使珊瑚礁如同熱帶雨林一樣，以驚人的速度消失，影響到大堡礁國家公園

大堡礁被稱為海中的熱帶雨林

的安危。當前保護區管理部門已採取嚴格措施，限制對海域的排污，加強淺水航道的安全，積極展開對觀光旅遊者的教育宣傳工作。

大堡礁不僅是海底資源豐碩，因氣候屬於熱帶、亞熱帶，在這一大片珊瑚礁群中的900多個島嶼，較不受人為破壞，島嶼周圍除了是珊瑚礁群的繁殖地，島上環境更為許多奇卉異禽提供棲息處所。而每座島嶼也各擁有獨特的生態特色，如伊莉特夫人島常年有大量海鳥群集，每年10月至翌年4月則可進行夜探海龜產卵，6月至10月也可出海觀賞座頭鯨。

位於智利復活島上的摩艾石像

意義不明的巨石像

摩艾石像

摩艾石像的發現

　　位於太平洋上的復活島（Easter Island），面積大約
118平方公里，人口大約二千人。復活島座落在一望無際的
南太平洋海域，距離南美海岸大約有3700公里，而距離最
近有人居住的島嶼也有1000公里之遙。起初荷蘭陸軍上
尉雅各（Jacob Roggeveen）發現這座島嶼時，島上已經
存在著一座座具有高度文明的巨石雕像了。然而，當時島

日本		中美洲
	東南島嶼	
新幾內亞		
		復活島 ●
澳洲		
	太平洋	

復活島位於南太平洋玻里尼西亞東方的火山島，其名稱的由
來是因為荷蘭人在1772年4月5日，即基督教的復活節那天
發現這座島嶼，故名復活島。

十八世紀威廉・霍奇斯描繪復活島的畫作

上的玻里尼西亞人卻仍處於原始狀態之下，如何有這等技術雕刻巨大的石像呢？另外附帶一提的是，這些雕像為何都是朝向大海呢？

當復活島被荷蘭人發現之後，西班牙等歐洲探險家們在十幾年內先後登上這座島嶼。引起人們注意的並非是島上的居民，而是這些巨大的石像。這座島上的巨石像，據統計大約有600多尊。這些被當地居民稱為「摩艾」（moai）的石像，有著非常明顯的特徵：型態不一的長臉，略上翹起的鼻子，向前突出的薄唇，略向後傾的寬額，垂落腮部的大耳，刻有鳥獸的軀幹以及垂在兩旁的手。這些摩艾是

以火山岩製成的，最矮的摩艾為3公尺，最高的可達20公尺，另外在摩艾的下方有著超過350個祭壇。

據推測，大多數的摩艾是在拉諾鑿製而成的。拉諾是座死火山，人們應該是利用那兒的岩石打造摩艾。而雕刻用的工具應該是用火山爆發時噴出的玄武岩造成。在拉諾火山的山坡，目前還有150尊未完成的摩艾。另外，有些摩艾頭上戴有圓柱形的紅帽，當地居民稱為「普卡奧」，島上的摩艾有戴紅帽的大約30多尊。學者曾經向當地居民詢問過這些摩艾的由來，但是島上的居民並不知道它們是如何產生，更遑論當地居民曾經參

過雕鑿摩艾了。

不過，由摩艾的雕刻手法來看，這些摩艾一個個臉形窄長、表情呆滯，造型的一致性，說明作者是依照統一的藍本加工完成的。而摩艾所呈現出來的風格，又在在說明著它並未受到外來文化影響。然而，有些學者卻對這點提出質疑，因為遠在墨西哥的馬雅文明也有類似的摩艾存在。

摩艾石像之謎

究竟摩艾是由誰製造？如何製造？為何製造？而它們又是如何從石場移動到島上的各個角落？考古學家們認為摩艾是酋長將祖先神化的雕像，而且島民是先舉行大型慶祝儀式才將眼睛鑲嵌上去的。

曾經有過風光文明的復活島之所以沒落，到現在仍有很多不同的說法，而最多人認同的是，由於不斷地製造摩艾，而製造摩艾不但要大量的人力物力，最重要的是需要大量的樹木作為槓桿，久而久之，島上的樹木漸漸地消失。這造成嚴重的水土流失，肥沃的表土被侵蝕，土地貧脊，加上人口急劇增加，以及天災、內部戰爭等原因，使其沒落。

此外，島上的人是從哪裏遷移到復活島的呢？他們是從東方或是從南美洲，還是由玻里尼西亞？甚至是更北方或西方呢？不過實在很難想像會有這一次的遷移，因為由任何一個地方前往復活島，最短的距離至少也要兩個星期的行程，跨越數千英里的海洋。因此我們可以肯定島上的最早居民應該有著一定的科技水平，才能建造遠航船隻和卓越的航海技術來跨越這個海域到達復活島。

語言學者估計，最早在復活島的居民約在西元400年左右生活在此，而大多數的人亦相信他們是從東玻里尼西亞而來。在考古學上，則提另一個較遲的時間，約在西元700年到800年之間。

按照復活島的傳說，1500年前，島上酋長以一艘雙獨木舟到達復活島，同行的有他的妻子和他那大家庭。他可能是一位出色的航海家，也許是為了替族人找尋更多的土地或是為逃避戰禍而到達此地。早期的玻里尼亞人有很多的推動力去找尋未知的土地，他們很清楚地知道他們願意用自己的生命作為賭注去找尋是否存在的未知的土地。酋長和他的家庭在復活島的「Anakena Beach」登陸。「ens of the land」，或「land's end」，這就是早期的島名。

「Rapa Nui」是一個比較具有當地色彩的名稱，意指島上有一個茂盛的棕櫚樹林。根據以上的資料，可估計得到早

期的移居者是種植他所帶來的植物，例如：香蕉樹、芋根和甘薯。

神秘文字的意義

　　專家登上復活島時，曾在摩艾像附近發現大量刻滿文字的木板，有別於中國象形文字，其筆觸的粗糙、深淺，似乎都包含著某種意思，而且整個如同密碼的書寫排列方式，彷彿表現出某種波動般的節律感。

　　復活島只不過是個孤島，似乎不大可

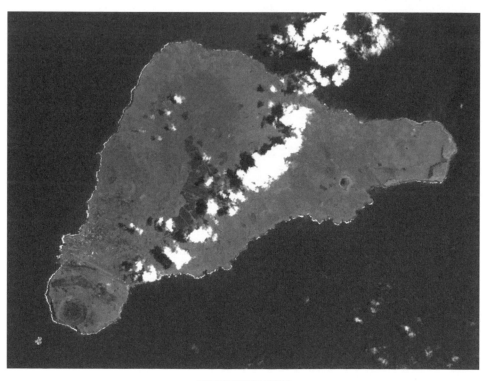

復活島衛星空拍圖

群集的摩艾石像

能有大陸文明光臨過它,而島上居民居然能創造出令人難以置信的文字。一個能創造出文字的民族,應具有伴隨文字出現的其他文化而來。但除了難以解釋的石像外,誰也找不到與創造文字相適應的其他文明的痕跡。再者,島上的居民的膚色也很複雜,這小島只不過有幾百人,當中竟然混合著許多種族的人,確實也令人困惑。

有學者認為復活島的居民是源於玻里尼西亞群島,但有其他學者反對這說法,因為復活島遠離亞洲,而十分靠近南美洲。玻里尼西亞是人類較晚遷入的地區之一,據研究玻里尼西亞的歷史不可能早於公元9世紀,而復活島的考古調查表明,它最早在西元14世紀之後才有人居住,而更多學者認為復活島只是1500年之後才有人居住。這距西元1722年荷蘭人首次到來僅100多年短暫的時間,島民根本不可能有龐大的雕石工程產生。

另外,復活島上的居民稱自己居住的地方為「特比托奧特赫努阿」,意思是世界的肚臍。事實上,他們的說法的確沒有錯,因為復活島位於太平洋中部,正是世界的中部——肚臍,難道,島上的居民從高空俯瞰過這座小島?

無論如何,這座復活島仍留給世人一團疑問。

紐西蘭庫克山風景

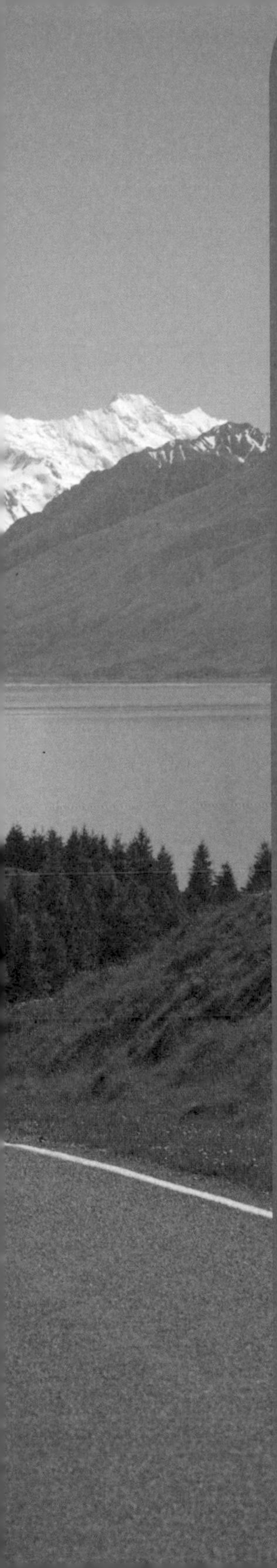

紐西蘭

兼具冰川與火山的地形

　　紐西蘭主要由南北兩島組成，百分之七十的紐西蘭人都居住在北島。紐西蘭全國面積27萬534平方公里，與英國和日本相當。二千七百萬公頃土地集山脈、雨林、冰河、地熱、海灘、海港、島嶼和肥沃的平原於一體，景色秀美宜人，可謂舉世無雙。由於位於火山地震帶，使得紐西蘭有「活的地形教室」之稱。

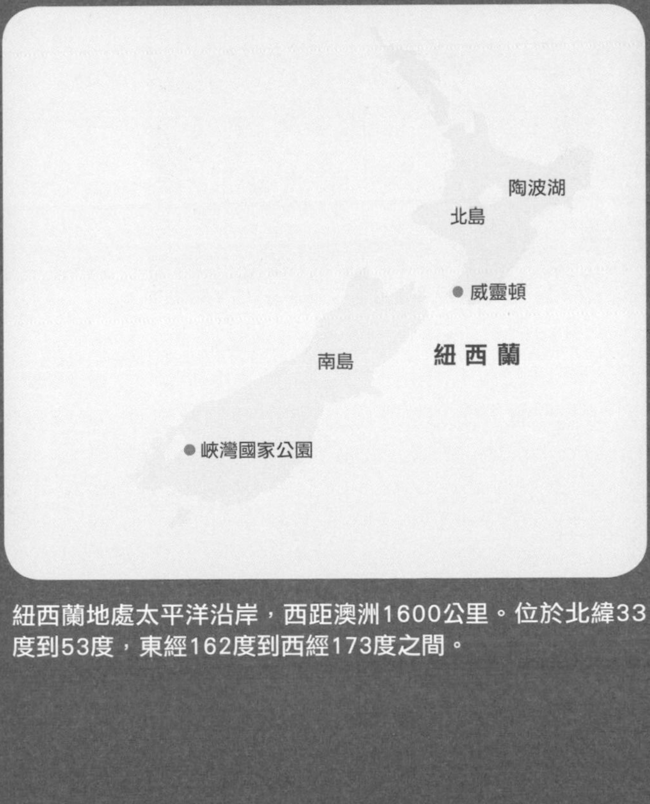

陶波湖

北島

● 威靈頓

南島　　**紐西蘭**

● 峽灣國家公園

紐西蘭地處太平洋沿岸，西距澳洲1600公里。位於北緯33度到53度，東經162度到西經173度之間。

地熱噴泉也是紐西蘭的特殊景觀

半的電力是由地熱及湍急的河流提供。

　　紐西蘭有兩樣東西對全世界來說都相當重要的資產，其中之一就是紐西蘭境內的國家公園。從地質上來看，在紐西蘭這樣不算大的區域中，涵蓋了壯闊的山脈、冰川、火山及地熱等多種地形，當然成就了紐西蘭無可比擬的壯麗自然景觀。對旅客來說，不需跋涉於不同區域或國家，就能欣賞到豐富且種類多樣的景色，當然是最愉悅不過的事了。

　　紐西蘭有30%的土地屬於環境保護地區，絕大部分的環境保護地區是開放民眾進入參觀的，為的就是要讓大家都能享受大自然，並了解屬於全人類的大自然資產。純以欣賞自然生態為主題的行程安排，是一項寓教於樂的另類旅遊方式；生態旅遊通常是指在自然環境和原始地區從事休閒活動，並經由活動的過程中學習保育觀念。人類對生態環境的重視，使得一向以「自然無污染」的生態環境自豪的紐西蘭，成為近年來旅遊活動的重點。

　　紐西蘭有三十多座國家公園，平均分布在南、北島上。因為地理景觀的差異而呈現出不同的特色；有

　　紐西蘭人是19世紀英國殖民者和原住民毛利人的後裔。紐西蘭出口的羔羊及羊肉佔世界的第一位，出口的羊毛也僅次於澳大利亞，南島多為養殖綿羊的牧場。首都威靈頓是目前世界上最南端的首都。紐西蘭大

紐西蘭以養殖綿羊著稱

些國家公園以山光水色著稱，有些則以動、植物生態著名。在此介紹紐西蘭其中幾個著名的國家公園：

哈拉基（Hauraki）海灣國家公園：

位於紐西蘭北島奧克蘭附近，是個擁有47個島嶼的海灣森林，是泛舟者的天堂，也是世界最大的揚帆樂園。

通阿里羅國家公園（Tongariro NP）：

位於陶波湖南端，是紐西蘭第一個國家公園。公園內有三座活火山，因此這裡有熔岩奇觀、活火山、溫泉、河流、草原、森林、滑雪場等，吸引無數慕名而來的旅客。

艾格蒙托國家公園（Egmont NP）：

最具特色的是沿途均可欣賞到茂密的熱帶雨林。

峽灣國家公園（Flordland NP）：

在紐西蘭南島的國家公園裡，峽灣國家公園是最為知名的一座，其排名為世界第五、紐西蘭最大。具代表性的景觀有險峻陡峭的山峰、冰河時期的U型山谷遺跡、海水切割深谷而形成的峽灣，再加上

庫克山山川壯闊

森林、雪峰、瀑布等,美不勝收。

　　峽灣國家公園總面積超過125萬公頃,此區最吸引人的是冰河時期險峻陡峭山群所形成的U型山谷遺跡,以及與海水切割深谷所形成的峽灣景觀。而在峽灣國家公園中,最熱門、也最具知名度的觀光點,要算是米爾佛德 (Milford Sound)峽灣,米爾佛德峽灣在冰河時期便被侵蝕成很深的峽谷,兩旁直立高聳的山崖高達1000公尺,水底最深處則有290公尺,相當驚人,這一帶還經常可以

見到海豹的蹤跡,許多珍貴鳥類與鹿群也都棲息於此。

　　位在南島最北端的馬爾堡峽灣(Marborough Sound),灣內島嶼棋布,海灣交錯內海。

　　港灣海岸線總長達966公里,綿延的海岸線不僅帶來了溫暖的氣候,更讓此區成為海洋生態旅遊的絕佳地點。由於夏季長且熱,使得馬爾堡區擁有種植葡萄的先天優勢條件,而布蘭尼姆(Blenheim)是馬爾堡區的首府,由於日

照時間長而有「陽光之都」的美譽，在溫熱氣候長期的照耀下，馬爾堡區成為紐西蘭以及全世界的首要葡萄種植區，這裡所生產的葡萄酒，屢屢獲得國際大獎，來此一遊，千萬別錯失了品味名酒的機會。

韋斯特蘭國家公園（Westland NP）：

以氣勢磅礡的高山冰河景觀為主。

庫克山國家公園（Mt. Cook NP）：

對滑雪情有獨鍾的人，不妨來造訪南阿爾卑斯山脈中的庫克山國家公園。它是由數百座高山組成，不少座山崖長年積雪且高原平坦，是滑雪和戲雪的最佳場地。整座國家公園沿著山脊綿延80公里，其中孕含了五條紐西蘭最大的冰河，也難怪庫克山國家公園被喻為紐西蘭國家公園之王。

標高3753公尺的庫克山，是紐西蘭最高峰，可以說是紐西蘭最具代表性的山峰。而以庫克山為中心的山脈共有17座，個個標高都超過3千公尺，這些高聳入雲的山脈與隱藏其中的冰河所構成的南阿爾卑斯山脈，被稱為南半球的阿爾卑斯山，也成為觀賞冰河奇景的最佳去處。

除了可以搭飛機鳥瞰冰河景觀外，還有一項深受歡迎的「冰河火車之旅」，旅客可以搭乘「南阿爾卑斯山號（Tranzalpine Express）」豪華火車，穿越翠綠森林、高山峻嶺、靜謐湖泊、數不盡的牧場及如詩如畫的雪景，一幕幕美景盡收眼底，讓人的目光不捨得離開車窗半步。

另外，紐西蘭可說是南半球冰河的故鄉，在這個地方，僅海拔300公尺高，就有冰河。而冰河旁，便是熱帶雨林，這樣奇特的景觀，地球上絕無僅有。冰河切割而形成的遺跡滿佈，其晶瑩剔透的光芒和磅礡壯觀的氣勢，足以令人心醉神迷。

紐西蘭被喻為「活的地形教室」，果真是名不虛傳。

紐西蘭的地理景觀令人驚艷不已

國家圖書館出版品預行編目資料

世界奇觀是這樣煉成的! / 沈昭伶編著. ——二版. ——
臺中市 : 好讀, 2016.02
面； 公分. ——(圖說歷史 ; 50)
ISBN 978-986-178-377-2(平裝)
1.世界地理
716   105000004

圖說歷史50

世界奇觀是這樣煉成的!

編　　著／沈昭伶
總 編 輯／鄧茵茵
文字編輯／莊銘桓
美術編輯／鄭年亨

發 行 所／好讀出版有限公司
台中市407西屯區何厝里19鄰大有街13號
TEL:04-23157795　FAX:04-23144188
http://howdo.morningstar.com.tw
(如對本書編輯或內容有意見，請來電或上網告訴我們)
法律顧問／陳思成律師

發行／知己圖書股份有限公司
http://www.morningstar.com.tw
e-mail:service@morningstar.com.tw
郵政劃撥：15060393　知己圖書股份有限公司
(如有破損或裝訂錯誤，請寄回知己圖書台中公司更換)

初　版／西元2004年1月1日
二　版／西元2016年3月1日
定　價／250元

Published by How Do Publishing Co., Ltd.
2016 Printed in Taiwan
All Rights Reserved
ISBN　978-986-178-377-2

讀者回函

只要寄回本回函，就能不定時收到晨星出版集團最新電子報及相關優惠活動訊息，並有機會參加抽獎，獲得贈書。因此有電子信箱的讀者，千萬別吝於寫上你的信箱地址。

書名：世界奇觀是這樣煉成的!

姓名：_____ 性別：□男 □女

生日：____年____月____日

教育程度：_____

職業：□學生 □教師 □一般職員 □企業主管
　　　□家庭主婦 □自由業 □醫護 □軍警 □其他_____

電子郵件信箱(e-mail)：_____

電話：_____

聯絡地址：□□□
_____

你怎麼發現這本書的？
□學校選書 □書店 □網路書店_____
□朋友推薦 □報章雜誌報導 □其他_____

買這本書的原因是：_____
□內容題材深得我心 □價格便宜 □封面與內頁設計很優 □其他_____

你對這本書還有其他意見嗎？請通通告訴我們：
_____
_____你

購買過幾本好讀的書？(不包括現在這一本)
□沒買過 □1～5本 □6～10本 □11～20本 □太多了

你希望能如何得到更多好讀的出版訊息？
□常寄電子報 □網站常常更新 □常在報章雜誌上看到好讀新書消息
□我有更棒的想法_____

最後請推薦幾個閱讀同好的姓名與E-mail，讓他們也能收到好讀的近期書訊：
_____
_____

我們確實接收到你對好讀的心意了，再次感謝你抽空填寫這份回函，請有空時上網或來信與我們交換意見，好讀出版有限公司編輯部同仁感謝你!
好讀的部落格：http://howdo.morningstar.com.tw/

| 廣告回函 |
| 臺灣中區郵政管理局 |
| 登記證第3877號 |
| 免貼郵票 |

好讀出版有限公司　編輯部收

407 台中市西屯區何厝里大有街13號
電話：04-23157795-6　傳真：04-23144188

沿虛線對折

買好讀出版書籍的方法：

一、先請你上晨星網路書店 http://www.morningstar.com.tw
　　檢索書目或直接在網上購買

二、以郵政劃撥購書：帳號15060393　戶名：知己圖書股份有限公司
　　並在通信欄中註明你想買的書名與數量

三、大量訂購者可直接以客服專線洽詢，有專人為您服務：
　　客服專線：04-23595819轉232　傳真：04-23597123

四、客服信箱：service@morningstar.com.tw